COLONIZAÇÃO PUNITIVA E TOTALITARISMO FINANCEIRO

da vinci jur

EDITOR
Daniel Louzada

REVISÃO
Antonio Martins

CAPA
Maikon Nery

PROJETO GRÁFICO E DIAGRAMAÇÃO
Victor Prado

COLONIZAÇÃO PUNITIVA E TOTALITARISMO FINANCEIRO

A criminologia do ser-aqui

Eugenio Raúl Zaffaroni

TRADUÇÃO
Juarez Tavares

2ª EDIÇÃO

da vinci jur

RIO DE JANEIRO, 2024.

© Eugenio Raúl Zaffaroni, 2024.
© Da Vinci Livros, 2024.

É vedada a reprodução total ou parcial deste livro sem a autorização da editora.

Segunda edição, outubro de 2024.
Rio de Janeiro, Brasil.

Dados Internacionais de Catalogação na Publicação (CIP)
Vagner Rodolfo da Silva CRB — 8/9410

Z17c   Zaffaroni, Eugenio Raúl
Colonização punitiva e totalitarismo financeiro: a
    criminologia do ser-aqui / Eugenio Raúl Zaffaroni;
    traduzido por Juarez Tavares; apresentação
    de Juarez Tavares. — 2. ed. — Rio de Janeiro:
    Da Vinci Livros, 2024. 184 p.; 14cm x 21cm.

Inclui bibliografia e índice
ISBN 978-65-8497-205-6

1. Direito. 2. Direito Penal. 3. Crime.
4. Criminologia. 5. Ciências Sociais. 6. Neoliberalismo.
I. Tavares, Juarez. II. Título.

                            CDD 345
2024-270   CDU 340

Índice para catálogo sistemático:
1. Direito penal 345
2. Direito penal 343

DA VINCI LIVROS
Livraria Leonardo da Vinci
Av. Rio Branco, 185 – subsolo – lojas 2-4
Centro – Rio de Janeiro – RJ – 20040-007
davincilivros@leonardodavinci.com.br
www.davincilivros.com.br
www.leonardodavinci.com.br

Para Boaventura de Sousa Santos,
com admiração.

13   APRESENTAÇÃO
     Juarez Tavares

     I. O QUE É PODER PUNITIVO?
17   1. O ato do poder punitivo puro
19   2. O poder punitivo formal e informal
21   3. O simplismo do discurso jurídico
23   4. Dissociações normativistas
24   5. A ocultação da vingança
25   6. A criminologia da reação social

     II. A CRIMINOLOGIA DO NORTE OCULTA OS GENOCÍDIOS
29   1. O genocídio nunca foi integrado
30   2. A crítica do norte ao poder punitivo
31   3. O poder mudou enquanto estava sendo criticado

     III. A MACROCRIMINALIDADE ORGANIZADA DO NORTE
33   1. O totalitarismo financeiro
34   2. A macrocriminalidade como necessidade
35   3. Os buracos do mercado terceirizado
37   4. A acobertação planetária
38   5. A criminologia do norte não registra a macrocriminalidade organizada

     IV. O PODER PUNITIVO DO NORTE E DO SUL
41   1. O poder punitivo formal do norte
42   2. O juriscentrismo da criminologia do norte
43   3. Outros fatores determinantes das ausências do norte
44   4. O poder punitivo informal do sul e o genocídio gota a gota

45	5. A linha abissal da sub-humanização
47	6. O poder punitivo formal no sul é realmente formal?
48	7. A quebra do esquema delinquente-vítima

V. POR ACASO, EXPLICAMOS O QUE AQUI DESCREVEMOS?

51	1. Descrevemos, mas não explicamos
53	2. Não é suficiente estar-aqui, é necessário ser-aqui
55	3. Quem somos nós na temporalidade da região?
57	4. Não somos amnésicos: os relatos condicionam

VI. O COLONIZADOR TROUXE O PODER PUNITIVO

61	1. A visão eurocentrista do mundo
64	2. O poder punitivo europeu

VII. OUTRA NARRATIVA

67	1. O relato do empoderamento colonial a partir do sul
70	2. A hierarquização racista da sociedade colonizada
71	3. A revolução industrial a partir da Europa
73	4. A revolução industrial na perspectiva dos colonizados
76	5. O racismo acadêmico das repúblicas oligarcas

VIII. UMA NOVA ETAPA DO NEOCOLONIALISMO

79	1. A ampliação da cidadania real
80	2. A guerra fria na perspectiva dos colonizados

IX. O PODER PUNITIVO DO COLONIALISMO TARDIO

83	1. Para uma melhor aproximação
84	2. A invasão da realidade

85	3. Os objetivos estratégicos do colonialismo tardio
87	4. O poder punitivo do colonialismo tardio
89	5. Todo o poder punitivo do sul tende à informalidade
90	6. O condicionamento para roubar
91	7. A função manifesta do poder punitivo formal é mentirosa
92	8. A seleção dos criminalizados mais aptos para a reprodução
93	9. São homens jovens: o reflexo do patriarcado

X. A FUNCIONALIDADE DA REPRODUÇÃO DELITIVA

95	1. A funcionalidade da delinquência comum
96	2. Promove a demanda por maior punição
97	3. Debilita o sentimento de comunidade
98	4. Legitima a imagem de guerra
99	5. Promove a caricatura imitativa das classes hegemônicas
101	6. Desorienta e condiciona os governos populares
103	7. Imuniza o poder punitivo hegemônico e informal

XI. O ESTADO ATROFIADO E A FABRICAÇÃO DE SUBJETIVIDADES

105	1. O Estado atrofiado
107	2. A colonialidade degeneradora de papéis
109	3. Ideologia ou projeção patológica?
110	4. A perversão antidemocrática dos discursos acadêmicos
112	5. O fim dos seres humanos pela transumanidade
114	6. O último delírio da criminologia biologicista

XII. LIMPAR O TERRENO: ALGUNS OBSTÁCULOS USUAIS PARA SUPERAR A COLONIALIDADE

- 117   1. Antes de tudo: descolonizarmo-nos internamente
- 119   2. Não estamos inventando uma nova centralidade
- 120   3. A macrocriminalidade não é onipotente
- 122   4. A pobreza não gera mecanicamente delinquência
- 124   5. Os criminalizados não são traidores nem heróis
- 125   6. Os preconceitos não são exclusivos dos setores privilegiados
- 126   7. Preconceitos relativos aos trabalhadores policiais
- 128   8. Policialização e criminalização

XIII. PRECAUÇÕES ACERCA DOS LIMITES POLÍTICOS DA CRIMINOLOGIA

- 131   1. O objetivo político da criminologia
- 132   2. A crítica institucional e contrainstitucional
- 134   3. A relação entre a criminologia e a política geral: os seus limites

XIV. A INCORPORAÇÃO DAS RESISTÊNCIAS: UM NOVO PARADIGMA?

- 137   1. O que está oculto em nossa criminologia?
- 139   2. Uma nova presença
- 140   3. Rumo a uma criminologia de táticas de resistência
- 142   4. Táticas de resistência baseadas em saberes oficiais
- 143   5. Táticas de resistência comunicacional e jurídica
- 145   6. Táticas de reversão da ressubjetivização delinquencial
- 146   7. Táticas de prevenção da vulnerabilidade: apoderar-se dos cavalos
- 148   8. A programação política da apropriação do saber
- 150   9. Abrir existências

XV. A METODOLOGIA DOS SABERES POPULARES

153   1. Os saberes populares fundantes das táticas de resistência
155   2. O conhecimento científico de *dominus*
156   3. O dominador dominado
158   4. O diálogo dos saberes populares
160   5. As apropriações contaminam?

XVI. A EXPRESSÃO DOS SABERES POPULARES

163   1. Como se manifestam os saberes populares
164   2. Saberes manifestados em mitos
167   3. As cosmovisões do mundo dos sub-humanizados

XVII. CONCLUSÃO: SOBRE AS TÁTICAS DE RESISTÊNCIA

171   1. Questões a investigar
173   2. Explorar, sistematizar e projetar

177   **REFERÊNCIAS BIBLIOGRÁFICAS**

APRESENTAÇÃO

Nosso mestre Eugenio Raúl Zaffaroni não requer qualquer apresentação. Sem a menor dúvida, é ele nosso grande intelectual latino-americano que pensa um direito penal e uma criminologia sob o enfoque da defesa dos oprimidos e de seus anseios por liberdade.

Este livro, que tive a honra de traduzir a partir dos originais inéditos, condensa de forma magistral todo o pensamento libertador relacionado a como o poder punitivo se impõe sobre nossa região, a partir de saberes historicamente condicionados pelos colonizadores, e como será possível construir uma criminologia de resistência, tendo por base os saberes de nossos povos originários.

Posso dizer que este não é um livro comum, é mais do que um pequeno livro, é a expressão mais lúcida de uma aguda crítica da realidade brutal a que estamos submetidos, todos nós, latino-americanos. É um apelo genial à nossa luta por uma sobrevivência digna, pela eliminação dos preconceitos e desigualdades, e pela construção de uma democracia libertária. Para tanto, como se demonstra aqui, não basta apenas uma conscientização política, será preciso conter definitivamente o poder punitivo, que foi e continua sendo historicamente o instrumento mais perverso de dominação.

Quero mais uma vez parabenizar o amigo Raúl por esta importante contribuição ao pensamento crítico.

JUAREZ TAVARES

I.
O QUE É PODER PUNITIVO?

1. O ato do poder punitivo puro

Quando a Universidade Autônoma de Tlaxcala homenageou-me com o grau de Doutor Honoris Causa, já que essa elevada honra não é recompensada por meio de um simples discurso, havia uma dívida pendente com esse farol de conhecimento na pátria de Lardizábal, cujo ducentésimo aniversário de desaparecimento foi celebrado em 2020. Este novo convite para ocupar sua cadeira oferece-me a oportunidade de reparar parcialmente essa dívida, com uma exposição mais extensa.

Como fomos convidados a falar de criminologia, comecemos por advertir que existem muitas criminologias, mas o objeto de estudo de todas é o poder punitivo e, portanto, todas elas afirmam saber algo sobre o poder punitivo, mesmo aquelas que não perguntam por ele, que o omitem, porque delimitam ao delinquente as chamadas causas do crime (etiológicas). Estas são criminologias de ausência, cujo não questionar esconde um saber, porque naturalizam o poder punitivo, silenciando tudo o que lhe está relacionado (ausentá-lo), tomando por certo que é tão neutro e objetivo quanto a chuva ou o vento. Mas nada pode esconder que a história da humanidade, sem contar com as guerras, é marcada por um grande número de assassinatos em massa por parte do Estado. Quando perguntamos quem matou aqueles mortos, responder-se-á que é o poder que algumas pessoas exercem sobre outras. Porém, em todas as sociedades algumas pessoas exercem o poder sobre outras e nem sempre – felizmente – exercem-no matando-as. Assim, o poder é exercido para resolver conflitos através de reparação ou restituição (direito civil); é também exercido para satisfazer as necessidades dos habitantes (direito previdenciário), para chegar a acordos entre as partes (direito sindical) ou para deter um processo lesivo em curso ou impedi-lo (coação administrativa direta).

Não se podem atribuir os massacres ao poder que realmente corresponde a esses modelos, senão que, fora deles – com pretextos e racionalizações muito diferentes –, um poder muito forte é também exercido sob a forma de atos políticos puros, cuja multifuncionalidade inerente a essa natureza impede a sua identificação positiva, pelo que deve ser feito por exclusão: é todo o poder estatal que não se enquadra em nenhum dos modelos acima mencionados (restaurativo, assistencialista, conciliatório e de coerção direta). Trata-se de um poder punitivo, cuja essência como ato político puro facilita sua potencialidade massacrante.

2. O poder punitivo formal e informal

Esse poder é exercido por ação de funcionários do Estado, mas também por omissão, quando esses funcionários permitem que outros o exerçam. Quando é exercida por ação de funcionários, uma parte desse poder é formalizada e habilitada por agentes especiais do Estado (juízes) sob a forma de sequestro ou confinamento de pessoas (prisão) ou outras limitações menos graves à liberdade. Este é o exercício formal do poder punitivo.

O restante desse poder é exercido informalmente (poder punitivo informal), quer pelas agências executivas do Estado, cujos funcionários (policiais) o fazem de forma paralela ou subterrânea; quer por terceiros com o consentimento ou a tolerância (comandos, parapoliciais, grupos de autodefesa, milícias, justiceiros); quer por instituições que distorcem as suas funções *manifestas* e assumem uma função punitiva *latente* (hospitais psiquiátricos, em que se tortura ou se neutraliza a pessoa; lares de idosos, onde ocorrem maus-tratos; internamento de crianças presas, serviços militares desnecessários para a defesa) ou por simples exploradores sem controle estatal (trabalho servil e escravo).

É impossível fornecer uma noção positiva que englobe todos os disfarces de formas punitivas de determinação de comportamentos, praticados por funcionários ou por outras pessoas ou grupos, sob o olhar indiferente daqueles. É mais do que óbvio que esse poder nem sempre é – longe disso – motivado por atos definidos como crimes, pois não o são a adolescência, o sexo, a idade avançada, a dissidência política, a incapacidade física ou mental, o protesto, a orientação sexual, como tampouco o fato de se encontrar em posição vulnerável por ocasião de algum massacre.

Embora a memória dos milhões de mortos das duas grandes guerras do século passado nos abale ainda hoje, é impossível ignorar que houve muitos outros milhões de cadáveres – talvez mais do que os anteriores – produzidos pelo poder punitivo, cuja função manifesta é evitá-los.

3. O simplismo do discurso jurídico

A extrema multifuncionalidade desta ação puramente política permite-lhe intervir em circunstâncias de natureza muito diversa, exercê-la sobre aqueles que não provocam conflitos e, também, omitir sua intervenção em conflitos extremamente graves (crimes de ódio, crimes econômicos, crimes contra a humanidade).

Por outro lado, esse exercício de poder tem efeitos tanto previsíveis como totalmente imprevisíveis. Assim, pode determinar o aumento do preço dos imóveis de um bairro, a preferência por determinado modelo de carro, a alteração dos prêmios de seguro, a consagração de um gênero musical etc. Por ser essa multifuncionalidade tão enorme, ela é largamente desconhecida mesmo pelos sociólogos e cientistas políticos mais perspicazes.

Nas universidades, elabora-se um saber dirigido aos agentes estatais que habilitam o poder punitivo formal (juízes) para dotar de racionalidade sua tarefa: é o saber jurídico-penal ou a ciência do direito penal. Na nossa região trazemos este saber do hemisfério norte e o reproduzimos, com o método de análise de textos e de reconstrução sob a forma de um sistema (dogmático).

Esse saber sempre procurou legitimar o poder punitivo formal (ignora o poder *informal*), para o que discute projetos estatais – o cerne da ciência política – como se fosse matéria de sua incumbência. Cada penalista escolhe um desses projetos, assinala ao poder punitivo formal a função que deve cumprir nesse contexto e constrói o seu sistema com base nessa premissa. A partir daí, dá-se um salto para a alucinação, uma vez que se instigam os juízes a habilitar o poder punitivo como se esse projeto estatal existisse (o estado *ético* kantiano, o estado *racional* hegeliano, o estado *moralizante* krausista, o estado *terapêutico* positivista etc.), quando na realidade esses estados não existem, e o poder punitivo só ocasionalmente, ou por sorte, cumpre algumas dessas funções (intimidar uns, punir outros, dar prestígio ao Estado etc.). Para piorar a situação, dada a insuficiência legitimante de qualquer *função única*, há quem opte por combinar todas as imaginadas, por mais incompatíveis que sejam.

Como era de se esperar, em face de tal deformação da realidade, surgiram críticas sociológicas que perturbaram o imaginário penalista. No entanto, essas críticas concluem frequentemente que o poder punitivo é um instrumento da classe hegemônica, o que nada mais é do que um truísmo, para não mencionar que não têm em conta as contradições que tornam possível opor-lhe resistência.

4. Dissociações normativistas

O saber jurídico-penal que reproduzimos do norte não só deixa de registrar o poder punitivo informal, como tampouco a seletividade do seu exercício formal, embora seja óbvio que mais de 80% das prisões albergam pessoas pobres, com múltiplas discriminações e por crimes grosseiros contra a propriedade.

Como é impossível tornar as alucinações do *mundo normativo penal* compatíveis com o *mundo real*, essas alucinações são sustentadas pelo recurso a teorias do conhecimento que permitem dissociar os dados reais dos dados normativos, para relegar os primeiros às *ciências do ser* e limitar-se a uma *ciência do espírito ou da cultura*, dedicada tão somente a reduzir as contradições entre as normas do *dever ser*.

Na prossecução desse objetivo, a lógica é elevada à ontologia, a fim de criar *um mundo normativo penal*, porque a *onticidade do mundo* (realidade social) não só é demasiadamente complexa, mas, na sua presença, o discurso penal perde seu pretenso *caráter apolítico asséptico* funcional em benefício do conforto burocrático de todos os funcionários do sistema jurídico. É por isso que opta por se dissociar, inventando um *mundo simplificado* de *dever ser que não é*, e nunca chegará a ser.

O pensamento lógico é atemporal - ou destemporal - porque lida com ideias privadas de tempo. Machado – que se identificava como poeta do tempo – disse que a poesia não pode ser expressa fora do tempo; bem, nem o saber jurídico, porque o direito é sempre temporal.

5. A ocultação da vingança

A imaginação penalista pretende mostrar o *irracional como racional*, porque o principal combustível do poder punitivo é a vingança, que, sendo irracional, não pode ser incorporada no discurso que imagina estados perfeitos inexistentes, ou que pretende racionalizar o poder dos imperfeitos existentes.

O impulso vingativo é um fato estrutural, porque o poder punitivo alimenta-se invariavelmente da vingança, mas, como cumpre múltiplas funções conjunturais, é também sempre possível detectar a que prevalece em cada tempo e lugar específico. Vale dizer que, embora a vingança, em qualquer caso, conduza a um poder punitivo, entre as possíveis utilizações do veículo que o conduz é sempre possível detectar uma que seja preponderante.

I. O QUE É PODER PUNITIVO?

6. A criminologia da reação social

Desde a demonologia inquisitorial, que foi o primeiro discurso criminológico europeu integrado, houve sempre uma tentativa de explicar as *causas do crime* e justificar o poder punitivo com dados do *mundo do ser*, mas só a partir do final do século XIX é que esse conjunto de dados foi reconhecido nas academias sob o nome de criminologia, importada para a nossa região na sua versão etiológica, que omitia (ausentava) o poder punitivo.

A partir da segunda metade do século passado, a sociologia do norte promoveu a chamada *mudança de paradigma* que, com a chamada *criminologia da reação social*, incorporou o poder punitivo de forma positiva. Essa criminologia significou um avanço notório ao revelar as características estruturais de todo o poder punitivo, salientando que é seletivo, incide sobre os marginalizados, excluídos e dissidentes; é distribuído pela vulnerabilidade de acordo com estereótipos etc.

Voltando à metáfora do veículo, digamos que essa criminologia descreveu a sua estrutura e o combustível, mas a função preponderante, a que seus sucessivos proprietários o destinam (o uso concreto que fazem dele), é um dado conjuntural e variável, do qual dependerá a intensidade de cada carácter estrutural (violência, seletividade, letalidade etc.) em cada tempo e lugar. Não faz diferença se um veículo transporta passageiros ou carga, sobe ou desce uma colina, ou se é conduzido em terreno firme ou lamacento, pavimentado ou terraplanado. Durante a Segunda Guerra Mundial, um ensaio pioneiro (Rusche e Kirchheimer) de investigadores perseguidos pelos nazistas analisou o uso do

25

poder punitivo ("veículo") em diferentes momentos históricos do poder europeu, mas não lhe foi dada muita atenção naquele momento.

II.
A CRIMINOLOGIA DO NORTE OCULTA OS GENOCÍDIOS

1. O genocídio nunca foi integrado

Falamos até agora de *massacres*, porque o *genocídio* é um conceito jurídico. De agora em diante usaremos a palavra *genocídio*, mas num sentido amplo, que vai além da definição legal consagrada no direito internacional ao tipificá-lo pouco depois da Segunda Guerra Mundial, de vez que lhe escapam vários massacres consideráveis. Em qualquer caso, essa tipificação internacional respondeu ao medo gerado pelas atrocidades nazistas, apesar de a criminologia do norte não ter prestado muita atenção a esse crime.

Do nosso sul, não podemos esquecer que, até à referida *mudança de paradigma*, a criminologia etiológica que importamos não só legitimou o poder punitivo pela sua ausência, mas também, ao apontar as supostas características biológicas dos criminosos patibulares, foi enquadrada num biologismo racista legitimante de genocídios coloniais e neocoloniais. Agora não podemos deixar de observar que, apesar da *mudança de paradigma*, a criminologia da reação social tampouco incorporou o genocídio nazista nem os genocídios subsequentes no seu horizonte de projeção.

Em síntese: observamos que uma *criminologia de ausências* sempre predominou no norte em relação aos genocídios cometidos por seus Estados, que primeiro assassinaram em massa populações colonizadas para, depois, alguns deles o fazerem com os seus próprios cidadãos.

2. A crítica do norte ao poder punitivo

Certamente, ao pôr em relevo as características estruturais do poder punitivo, como era natural, a criminologia da *mudança de paradigma* fê-lo com um olho na forma como era exercido nas suas sociedades. Também se ocupou de sua funcionalidade na época do industrialismo europeu e da concentração urbana (Melossi-Pavarini), mas como não podia deixar de se perguntar a que quadro de poder correspondia sua utilização, apelou, para responder, em grande medida, ao marxismo não institucionalizado de Frankfurt (em parte no tom do Maio francês), que também deu origem a uma *microssociologia crítica do capitalismo* (*criminologia radical*), que exigia uma *mudança revolucionária*, sem oferecer *táticas* de contenção imediata do poder punitivo em ação.

3. O poder mudou enquanto estava sendo criticado

Enquanto a parte *progressista* da criminologia do norte elaborava a mudança de paradigma, a economia mundial estava a sofrer uma profunda transformação: o aparelho financeiro hipertrofiado subordinava o produtivo, as corporações ganhavam poder, os Estados de bem-estar e as sociedades de consumo decaíam e, em suma, promovia-se um novo impulso totalitário global.

Quanto ao poder punitivo formal, a financeirização econômica produziu o *grande encarceramento* nos Estados Unidos, com taxas de encarceramento sem precedentes na sua história, que ultrapassaram os máximos tradicionais da Rússia, mas com a particularidade de uma representação excessiva de negros na sua população penal.

Esse grande encarceramento norte-americano excluiu milhões de prisioneiros do mercado de trabalho e, também, exigiu milhões de empregos de pessoal prisional, o que foi funcional para aliviar os efeitos da transformação da sua economia, que passava da economia de produção para a de serviços, porque suas corporações preferiam produzir no estrangeiro para reduzir os custos de mão de obra.

Por volta da mesma época, o rude *slogan* de *tolerância zero* do político de Nova Iorque em serviço começou a espalhar-se por toda a nossa região, como publicidade instigadora do *grande encarceramento* no sul, que obviamente não tinha a mesma funcionalidade econômica que nos Estados Unidos.

III.
A MACRO-
-CRIMINALIDADE
ORGANIZADA
DO NORTE

1. O totalitarismo financeiro

A hipertrofia do aparelho financeiro gerou uma economia sem produto, nas mãos de gestores de empresas transnacionais, que no hemisfério norte começaram a tomar o lugar da política, fazendo dos políticos dos seus países seus reféns ou lobistas. Por conseguinte, esse *novo totalitarismo* é diferente daqueles do período entreguerras, porque a liderança totalitária não é exercida por políticos, mas pelos presidentes das empresas (*chief exeutive officers*), que também não são proprietários do capital, mas sim tecnocratas.

Na verdade, não sabemos quem são os proprietários das massas de dinheiro desses conglomerados ou *corporações*, porque desde que o império alemão acabou com a prata, e depois Nixon com o *padrão ouro*, o dinheiro consiste em papeis em que todos confiamos, mas com a ressalva de que apenas cerca de 7% desses papéis existem como reserva bancária, porque o crédito os multiplica, e o resto são números que podem ser transferidos eletronicamente.

Como os executivos – diversamente do velho capitalismo produtivo – não são os proprietários do dinheiro, estão forçados a obter o rendimento mais elevado no mais curto espaço de tempo, caso contrário são substituídos por aqueles que competem pelas suas posições privilegiadas. Daí a sua total falta de escrúpulos éticos e legais. Além disso, uma vez que não podem deixar de obter o lucro imediato, falta-lhes poder de negociação, o que reduz ao mínimo a possibilidade de mediação estatal entre as forças do capital e do trabalho.

2. A macrocriminalidade como necessidade

Em poucas décadas, a falta de escrúpulos forçada dos gestores transformou o poder financeiro do norte em enorme aparelho mundial de *macrocriminalidade organizada* que, tal como os genocídios, está ausente da criminologia do norte. Um vislumbre desse grande crime organizado (*organized crime*) é a proposta – sem maior eco – de tipificar internacionalmente como crime *econômico-político* as administrações fraudulentas siderais com as quais os seus agentes locais provocam o *default* (moratória) das economias nacionais (Naucke).

Porém, o totalitarismo financeiro comete muitos outros *crimes de dimensão macrossocial:* estelionatos (como os de 2008), administrações fraudulentas (endividamento astronômico dos Estados), extorsões (*hold outs*), ecocídios (destruição do meio ambiente), subornos (corrupção de funcionários), evasão de divisas (saída maciça de capitais), concorrência desleal (monopolização), fraude fiscal (evasão), exploração de mão de obra escrava (terceirização nos países subdesenvolvidos), rebeliões (promoção de golpes de Estado), apropriação de recursos naturais (falsas guerras humanitárias), perseguição política (*lawfare*), censura (monopolização dos meios de comunicação), prevaricação (juízes *carrascos*), difamações (*fake news*), homicídios aleivosos (mortes de náufragos), instigações ao suicídio (essa vacina não funciona) etc.

III. A MACROCRIMINALIDADE ORGANIZADA DO NORTE

3. Os buracos do mercado terceirizado

À macrocriminalidade financeira pertence também o *organized crime* no sentido estrito que a criminologia dá a esse conceito confuso, que é produto da terceirização da exploração dos buracos do mercado produzidos pela corrupção paralela ou criados por proibições que reduzem a oferta em face das demandas rígidas.

No último caso, os *concessionários* operam no sul e enfraquecem alguns estados da nossa região, uma vez que, como no caso do tráfico de cocaína, introduzem o caos nas sociedades, corrompem todas as instituições estatais, provocam altas taxas de violência e morte, acabam com a polícia, e mesmo com as forças armadas, e com a própria política, ou seja, contribuem para degradar os estados naquilo a que mais adiante chamaremos *modelos de estados atrofiados*. Nesse tráfico, o norte mantém uma rede de distribuição bem azeitada que não o afeta e na qual se retém a maior parte do rendimento (devido à grande diferença entre o preço originário e o preço pago pelo consumidor), enquanto a concorrência letal entre concessionários e outros efeitos negativos permanecem no sul. O controle policial transnacional da proibição funciona como um conselho regulador do preço internacional: quando a oferta baixa e o preço sobe demasiadamente, relaxa o controle e vice-versa.

A mais-valia desse tráfico de drogas não corresponde ao valor agregado, mas sim ao elevado custo do serviço de distribuição causado pela proibição. Se a droga fosse vendida livremente, o México teria levado quase dois séculos a atingir um número de vítimas de overdose semelhante ao número de mortes e desaparecimentos causados, em apenas poucos anos, pela suposta *guerra às drogas*.

4. A acobertação planetária

Os fabulosos rendimentos do total da *macrocriminalidade organizada*, incluindo os do *organized crime* e da evasão fiscal astronômica do sul, são reciclados em locais seguros (*safe haven*, traduzidos como *paraísos*, aparentemente devido à confusão com céu), que formam um sofisticado sistema global de serviços de encobrimento ilícito. Conflitos ocasionais entre os acobertadores permitem que se filtrem algumas informações, mas não desbaratam a rede, que é indispensável para a *macrocriminalidade*.

Não é preciso muita perspicácia para compreender que o totalitarismo financeiro atual nada mais é do que o poder exercido pela *macrocriminalidade organizada* do norte, que concentra a riqueza em 1% da humanidade, erigida em oligarquia planetária.

5. A criminologia do norte não registra a macrocriminalidade organizada

A criminologia do norte, que sempre foi *de ocultações* em relação aos genocídios, continua a centrar sua atenção no seu poder punitivo *formal* e oculta também a *macrocriminalidade organizada*, ainda que uma boa parte do que sabemos sobre ela provenha de outros acadêmicos do norte.

Quando uma parte da sua criminologia a percebe, reage radicalizando-se e acaba por voar para um *futuro pós-revolucionário*, o que, paradoxalmente, surte efeitos análogos aos do discurso jurídico-penal, já que ambos escapam à realidade do poder punitivo: enquanto o direito penal faz com que os Estados delirem de idealismo filosófico, a crítica radical imagina futuros Estados igualitários para depois da *revolução*; uns negam o presente porque veem Estados inexistentes; outros não o veem, porque olham somente para um futuro imaginário; uns deliram, outros sonham.

IV.
O PODER PUNITIVO DO NORTE E DO SUL

1. O poder punitivo formal do norte

Como daqui vemos o que o norte não percebe, cabe perguntar se não estamos a observar objetos que são pelo menos parcialmente diferentes. A resposta afirmativa se impõe, porque, embora as características estruturais sejam comuns, a variável espaço-temporal faz com que a função concreta e o consequente uso e exercício do poder punitivo no norte sejam diferentes dos do sul.

Se por norte entendemos – provisoriamente – a Europa e os Estados Unidos, e por sul a nossa América, é verificável que lá predomina o poder punitivo formal, e que seu exercício informal demasiado ostensivo é motivo de escândalo; em vez disso, aqui não se pode negar o amplo predomínio do seu exercício informal.

2. O juriscentrismo da criminologia do norte

Por isso, a criminologia do norte fixa sua atenção preferencial no poder punitivo formal que seleciona os *estranhos* às suas sociedades, tais como os extracomunitários e os islâmicos na Europa, e os latinos e negros nos Estados Unidos. Recordemos que estes últimos nunca foram totalmente incluídos e que no século XIX se tentou levá-los para o México.

Essa predominância do poder punitivo formal impede a criminologia do norte de se libertar do direito penal, marcando sua tendência juriscêntrica. Com a mudança de paradigma, o foco mudou do *delinquente* (autor do *crime*) para a *reação social* (em face do crime), mas o crime continuou a ser o ponto de referência. Algo semelhante acontece com o *ateísmo militante radical*: se Deus está morto, tudo é permitido, mas no todo está presente a onipotência divina, Deus continua no centro.

O abolicionismo penal tentou libertar-se do peso do juriscentrismo, tratando de abandonar a palavra *delito* (Mathiesen, Christie, Hulsman), mas como propõe uma *mudança civilizatória* (uma sociedade sem poder punitivo), a natureza espetacular desse projeto fez com que os seus críticos ignorassem sua contribuição mais importante, consistente em desnudar todas as hipóteses como *conflitos*.

3. Outros fatores determinantes das ausências do norte

Embora o predomínio do poder punitivo formal seja o principal gerador de ausências na criminologia do norte, também as favoreceu o contexto das três primeiras décadas de ouro do pós-guerra, com a reconstrução europeia, o crescimento econômico e, nos Estados Unidos, com o aumento do nível de vida dos seus habitantes brancos (o sonho do *american way of life*) e a revogação das leis racistas mais aberrantes.

A mudança do paradigma criminológico teve lugar quando esse tom otimista ainda dominava, confiante no aperfeiçoamento dos Estados de bem-estar do pós-guerra, em que a agressividade dos Estados Unidos – Guerra do Vietnã – seria o produto transitório da bipolaridade, o racismo desapareceria e a ameaça nuclear adiaria indefinidamente uma terceira guerra mundial.

Os totalitarismos do entreguerras tinham exercido um poder punitivo informal até seu máximo extremo genocida, porque judeus, ciganos, dissidentes, *gays* e *estranhos à comunidade* foram assassinados por agências policiais sem intervenção judicial (exceto o *Volksgericht* contra os dissidentes arianos). Não obstante, o otimismo das três décadas douradas considerava-o episódico e irrepetível (o famoso *Sonderweg* alemão).

4. O poder punitivo informal do sul e o genocídio gota a gota

Aqui, no sul da nossa América, o exercício do poder punitivo gera fenômenos quase completamente desconhecidos no norte: autonomização da polícia, execuções sem processo, falsos positivos, tortura, grupos parapoliciais, envolvimento de exércitos, prisões deterioradas como campos de concentração, elevada mortalidade e morbidade prisional, mais de metade dos prisioneiros sem condenação, cultura de assassinos profissionais, crimes de ódio, perseguição de opositores e dissidentes, crianças de rua, prostituição infantil tolerada, acobertamento do tráfico de pessoas, remoções massivas da população, altas taxas de morte violenta, impunidade de homicídios etc.

Essa elevadíssima predominância do poder punitivo informal no sul ocorre num contexto de subdesenvolvimento humano, que conduz alguns de nossos países a registrar as mais altas taxas de morte violenta do planeta, e que seja esta a primeira causa de morte entre os jovens negros e mulatos. Porém, produzem-se, também, mortes causadas por carências sanitárias, insegurança no trabalho, suicídios, subnutrição, doenças curáveis, violência institucional e inadequação das nossas estradas aos veículos que nos são impostos.

Esse custo anual em vidas e saúde é, definitivamente, a forma que o genocídio assume na nossa região: massacre parcimonioso, mas com uma continuidade inexorável. É o nosso *genocídio por gotejamento em ato*, sem prejuízo de alguns surtos não muito distantes de torneira livre.

5. A linha abissal da sub-humanização

A diferença entre o poder punitivo do sul e o do norte poderia ser caracterizada utilizando os conceitos de Boaventura de Souza Santos de *exclusão abissal* e *não abissal*. Na tradução criminológica, diríamos que a exclusão *não abissal* ocorre quando grupos vulneráveis se confrontam sem deixar de ser tratados como humanos, como pode acontecer no norte com a luta sindical; a *exclusão abissal*, pelo contrário, ocorre quando os excluídos são sub-humanizados, porque não são considerados ou tratados de todo como humanos.

Por mais doloroso que isso possa ser, neste momento deve reconhecer-se que o direito penal legitimou, ao longo de sua história, a exclusão abissal, racionalizando-a desde o *hostis* do direito romano renovado até o *inimigo* de Schmitt. No *idealismo hegeliano*, a *dignidade* da pena retributiva estava reservada àqueles que tinham atingido o *momento subjetivo do espírito*, mas os que não o tinham atingido ou que o tinham perdido, não mereciam castigo, mas sim a pura contenção da *medida de segurança*. O *positivismo racista* neutralizava a *perigosidade policial* (*prevenção especial positiva*) dos infratores ocasionais, mas neutralizava os multirreincidentes, profissionais e habituais (*prevenção especial negativa*). Por duas vias ideológicas diametralmente opostas, sua deportação para as colônias foi legitimada: Austrália, Guiana, Ushuaia, todos os *hostis atávicos* juntos.

É verdade que existem exclusões *não abissais* no sul e *exclusões abissais* no norte: a disputa entre executivos pelo monopólio de um serviço público daria origem a uma exclusão não abissal no sul; os maus-tratos a um cidadão islâmico ou não comunitário sem documentos na Europa – ou a execução policial de um negro norte-americano – é uma *exclusão abissal* no norte. No entanto, um poder punitivo que é excepcionalmente abissal no norte e habitualmente abissal no sul condiciona também dois sujeitos cognoscentes distintos. Essa linha abissal no sul, típica de genocídio gota a gota, tampouco é percebida pela criminologia do norte, acrescentando-se às suas outras ausências.

Em síntese, vimos que a criminologia, (a) na sua versão etiológica racista, ocultou, por legitimação, os genocídios neocolonialistas, (b) na sua versão crítica de reação social, ocultou o genocídio nazista, (c) tampouco incorpora a *macrocriminalidade financeira*, (d) naturaliza o *genocídio por gotejamento* do nosso subdesenvolvimento, ou (e) ignora a altitude da nossa linha abissal. Poderíamos acrescentar que, até agora, tampouco leva em consideração o risco de destruição das condições de habitabilidade humana do planeta.

6. O poder punitivo formal no sul é realmente formal?

O poder punitivo informal exercido na nossa região é criminoso, pois seus agentes realizam comportamentos típicos (homicídios, tortura, extorsão, ameaças etc.). É óbvio que essas condutas são normalizadas porque o poder punitivo formal as deixa impunes, sem o que não poderiam ser cometidas. Portanto, o nosso poder punitivo formal é complementar ao informal: as agências executivas selecionam aqueles que o poder punitivo formal criminaliza e este, por sua vez, garante-lhes o espaço de impunidade para exercerem seu poder punitivo informal.

Além disso, existem outras razões para questionar o carácter formal do poder punitivo e, entre elas – como veremos a seguir –, não menos importante é o fato das penas e outras formas de prisão autorizadas pelos juízes serem as que as constituições proíbem. Por outro lado, aquilo a que Boaventura chama de *linha abissal*, que marca a sub-humanização, aqui se exacerba, a ponto de nela caírem os ativistas dos direitos humanos, jornalistas, ativistas agrários, ambientalistas e dissidentes, que são perseguidos e mortos impunemente em alguns países da região.

Também surgiu um poder punitivo informal sob um disfarce formal, exercido por *bandos* compostos por juízes prevaricadores, carrascos, procuradores, operadores dos partidos únicos dos meios de comunicação e agentes dos serviços de inteligência, que sequestram dissidentes incômodos no que é conhecido como *lawfare*, com o objetivo de estigmatizar e proscrever forças políticas populares.

7. A quebra do esquema delinquente-vítima

O *juriscentrismo criminológico do norte* permite até agora distinguir entre infrator e vítima, mas no sul esse esquema é enfraquecido, uma vez que só se sustenta nos casos aberrantes de patibulários (homicídios patológicos ou outros crimes brutais), que são os que a mídia divulga.

A classificação desses crimes patibulares, explorada pela curiosidade dos *filmes de terror* – particularmente quando têm um componente sexual – alimenta no público a ilusão de que o esquema *delinquente-vítima* ainda está em vigor, ao mesmo tempo em que inventa uma realidade de prisões cheias de criminosos violentos e oculta a impunidade do poder punitivo informal. Como é impossível ocultar a elevada vitimização – inclusive letal – dos crimes do poder punitivo *informal* normalizado na nossa região, é muito complicado ensaiar uma *vitimologia do sul*.

V.
POR ACASO, EXPLICAMOS O QUE AQUI DESCREVEMOS?

1. Descrevemos, mas não explicamos

Até agora, nada mais fizemos do que descrever o poder punitivo na nossa América. Se fomos capazes de fazê-lo, é porque *estamos aqui* e o vivenciamos, temos a *esperienza vissuta* dos italianos ou o *Erlebnis* dos alemães.

Salvo haver alguma perturbação sensorial, essa vivência nos golpeia na cara, acorda-nos e faz-nos perceber que, com os elementos fornecidos pela criminologia do norte, não podemos explicar o exercício do poder punitivo na nossa região. Além disso, tampouco estamos seguros de percebê-lo na sua totalidade, porque nas universidades fomos treinados naquela precariedade instrumental condicionante de nosso equipamento psicológico e que pode limitar até certo ponto nossa percepção – que é apenas um produto da vivência – e que também nos faz incorrer na ausência de alguns dados.

Foucault observou, com razão, que o poder não só delimita o objeto a ser conhecido, mas também condiciona o sujeito que o conhece (o sujeito cognoscente). Não o condiciona por completo, obviamente, porque, como no caso do nosso poder punitivo, há vivências muito duras que funcionam como duchas de água fria que criam a consciência do condicionamento. Como não nascemos do nada para a vida acadêmica, mas somos formatados de acordo com uma metodologia de acesso ao saber ocidental, por assim dizer, é, no nosso caso, a vivência da realidade brutal do nosso poder punitivo que nos mostra que este saber não é o instrumento adequado para explicá-lo e, ao mesmo tempo, cria dúvidas sobre a percepção correta do nosso objeto de conhecimento.

Em termos simplistas, mas gráficos, podemos dizer que se o nosso poder punitivo não é, certamente, um bem, mas um mal, diante de um mal não basta descrevê-lo, muito menos quando nem sequer temos a certeza de que a descrição esteja completa, pelo menos se nosso objetivo é fazer algo para aliviar ou remediar esse mal. Para isso, é necessária uma explicação ou etiologia do mal, que nos permita prever o seu futuro e assim tentar contê-lo, reduzi-lo e, também, evitá-lo.

2. Não é suficiente estar-aqui, é necessário ser-aqui

Podemos dizer que descrevemos porque vivenciamos e o fazemos porque *estamos-aqui*, mas não podemos *ser-aqui* sem explicá-lo. Para esclarecer isso, vem ao caso a aporia agostiniana do tempo: o passado não é, porque já foi; o futuro também não é, porque ainda não é; o presente é uma linha divisória entre *dois não-ser*.

Não vamos resolvê-la agora, evidentemente, mas é claro que o presente é uma linha que se move incessantemente. Nós, humanos, *vamos sendo no tempo*, o nosso *ser* não é estático, é um *ser-sendo*. Tanto individual como socialmente, o ser humano não pode *explicar seu presente ou antecipar seu futuro* (pro-*jectar*-se, lançar-se para a frente) sem memória: seria um navio sem bússola ou leme na tempestade do mundo (dos *para quê* de todas as coisas).

No nosso campo, sabemos – porque o vivenciamos – que o objeto é recortado arbitrariamente, que algo é excluído na criminologia, mas nossa formação prévia, jurídica e criminológica, fornece-nos instrumentos inadequados para completar a visão do objeto (temos problemas epistemológicos) e ainda mais para elaborar o sistema de compreensão desse objeto no horizonte de projeção do nosso saber.

O corte temporal transversal, que mostra o exercício atual do poder punitivo e o quadro do poder planetário no qual a *macrocriminalidade financeira organizada do norte* nos condiciona a uma posição geopolítica subordinada, não é explicável sem saber como chegamos a este presente e, sem explicação, não sabemos como seguir (projetar-nos).

Nosso *ser-sendo* está no tempo e, portanto, para *ser* e não apenas *estar* e, no nosso caso, para aproximarmo-nos *sendo* da compreensão do poder punitivo atual, é insuficiente um corte transversal que apenas mostra o seu exercício atual. Só sabendo como *chegamos ao presente* é que deixaremos o simples *estar-aqui*, para *ser* aqui e poder lançar-nos ao futuro (*pro-jectar-nos*) avançando nosso *ser* (*ex-istindo*) no mundo.

V. POR ACASO, EXPLICAMOS O QUE AQUI DESCREVEMOS?

3. Quem somos nós na temporalidade da região?

Estamos em um território com limites indefinidos no norte e que chega ao sul até o polo. Um primeiro e rápido olhar sobre o passado para saber como chegamos a *estar-aqui* diz-nos que existiam culturas originárias, e que se colonizou desde 1492, que algumas dessas culturas conseguiram sobreviver e resistir até o presente. Mostra-nos também que os colonizadores espanhóis tinham sido marginalizados na metrópole, pois a maioria deles eram islâmicos submetidos pela chamada *reconquista*, enquanto os portugueses trouxeram europeus perseguidos, porque sua metrópole não tinha população suficiente, entre os quais chegaram alguns judeus, eternamente perseguidos por excelência. Depois, trouxeram africanos como escravizados e, quando o comércio de escravos através do Atlântico foi banido, alguns chineses foram escravizados no Pacífico e, também, populações menores, como os da Ilha de Páscoa. Depois, houve um enorme transporte massivo de população excedente da parte europeia atrasada na acumulação originária de capital para o Cone Sul, e chegaram também os removidos pelo desmembramento do império otomano, as vítimas armênias desse império e as dos *pogroms* russos. Seguiram-se aqueles que escaparam das duas guerras mundiais, para não falar de outros grupos menores.

Aqui-estamos todos nós e vamos *sendo* a comunicarmo-nos, influenciando-nos mutuamente em múltiplos processos, por vezes de sincretizações, mas também de coexistência em diálogo, algo semelhante ao que Boaventura chama de *ecologia de saberes*, embora também haja *ressubjetivizações* curiosas, pois não faltam aqueles que, debaixo da linha abissal em outras latitudes, chegam e assumem – ou pretendem assumir – *aqui* a subjetividade dos dominadores.

A leitura de qualquer história – mesmo da mais convencional – permite-nos saber que esta acumulação de exclusões começou quando os europeus *aqui* chegaram e ocuparam este território (colonizaram-no). Mesmo sem mais pormenores, é impossível negar que o poder punitivo *informal* desempenhou um papel central na acumulação de exclusões ao longo de cinco séculos de genocídio e outros crimes contra a humanidade.

4. Não somos amnésicos: os relatos condicionam

Os que *aqui estamos* não somos amnésicos, temos memória dos fatos do nosso passado neste território e do que trouxeram dos seus lugares cada um dos perseguidos, mas à medida que os fatos são interpretados e ordenados – e alguns também são ocultados – nossa memória é, em grande parte, condicionada por narrativas.

A narração da história diz respeito às vicissitudes da sucessão de dominações hierárquicas entre os humanos, quer seja narrada para legitimá-la ou para criticá-la. O poder punitivo é o instrumento necessário à hierarquização das pessoas em qualquer sociedade. Portanto, não é possível narrar o poder punitivo ao longo do tempo separando-o do poder de domínio hierárquico para o qual foi utilizado em cada momento, de vez que está nele inserido como instrumento.

É óbvio que o poder punitivo esteve sempre a serviço dos dominadores, razão pela qual qualquer narrativa ou relato que trate das variáveis particulares que foram assumindo as suas características estruturais ao longo do tempo faz parte, necessariamente, da *narrativa* do poder hierárquico dominante. Como em *qualquer fenômeno de dominação, há sempre duas narrativas: a do dominador e a do dominado.*

Os habitantes originários do território em que agora *estamos* e *somos* têm sua pré-história e sua história, especialmente as grandes culturas de Tawantisuyo e Anáhuac. Após a chegada dos europeus, foram eles dominados, e a sua história continua a ser globalizada, como parte do poder em um sistema mundial (Enrique Dussel). A partir desse momento, nossa região entrou na dinâmica do poder mundial, e, portanto, o poder punitivo *aqui* exercido foi condicionado pelas variantes impostas a partir do norte.

Há quinhentos anos que o norte explora o sul, de acordo com a sua dinâmica, e, portanto, usa o poder punitivo para hierarquizar as sociedades do sul da maneira que lhe seja funcional em cada momento.

Obviamente, essa dinâmica dá origem a duas narrativas opostas. O *dominador* é o *colonizador* e na sua narrativa mostrar-se-á como ponta de lança civilizatória; o *dominado* é o *colonizado*, que, na sua narrativa, denunciará sua vitimização genocida. O primeiro minimizará a incidência do poder punitivo; o segundo denunciará suas crueldades extremas. O primeiro irá narrar a partir da perspectiva do norte (eurocêntrica); o segundo, da perspectiva do sul.

Trata-se de dois relatos diferentes do colonialismo, cuja dominação não se esgota com a subjugação física ou externa, senão que inculca a colonialidade, conceito que foi especificado de diversas formas (Quijano, Migliolo), mas que, para nossos propósitos em criminologia, entendemos como o condicionamento psicológico que nos impõe aceitar como *saber* apenas aquilo que é adquirido por meio de um único método: o *ocidental*. Fora da ciência assim adquirida não há conhecimento.

Essa colonialidade nos fabrica como sujeitos cognoscentes ao nos impor os limites epistemológicos (dos horizontes de projeção) do seu saber científico (o que devemos incluir e excluir) e, também, sua forma de elaboração dos respectivos sistemas de compreensão. Treina-nos psicologicamente para que todo o conhecimento adquirido fora desses limites epistemológicos seja ignorado ou considerado como

V. POR ACASO, EXPLICAMOS O QUE AQUI DESCREVEMOS?

folclore, mitologia, ou mesmo barbárie e selvageria. É o que Boaventura chama de *epistemologias do norte*, às quais se opõe as do *sul*, a que ainda voltaremos.

VI.
O COLONIZADOR TROUXE O PODER PUNITIVO

1. A visão eurocentrista do mundo

Deixando de lado as variáveis menores da narrativa do *sistema-mundo* do colonizador (eurocêntrico), escolhemos a narrativa que acreditamos ser a mais finamente elaborada: as famosas *Vorlesungen* (*Lições sobre a filosofia da história universal*) de Georg Wilhelm Friedrich Hegel.

De acordo com esse relato, a razão não é algo com uma via de acesso ao conhecimento, mas sim um motor dinâmico que impulsiona o espírito (*Geist*) da humanidade, que começa com a Grécia, porque todas as civilizações anteriores à europeia (chinesa, indiana, egípcia, fenícia, babilónica etc.) não alcançaram um avanço relevante do espírito, de modo que este se desenvolve na Europa. Esse *Geist* europeu põe à margem do seu caminho os orientais por serem teocráticos, os árabes por serem mestiços aculturados islâmicos, fanáticos, decadentes e sensuais sem limites, os judeus, por estarem submersos em serviço rigoroso e, dentro da própria Europa, os latinos, por não atingirem o nível do mundo germânico.

Nesse relato, a América é o *novo mundo*, nem sequer geograficamente muito maduro, porque, de acordo com a versão dos enciclopedistas, tudo por aqui era fraco, os animais e os seres humanos, e mesmo aqueles que são trazidos para cá se debilitam. Buffon, que Hegel plagiou, argumentava que isso se devia ao fato de as montanhas se desenharem mal, ao contrário da Europa, de modo que cortavam os ventos e tudo era úmido. Para Hegel, os índios eram tão débeis que, desde o desembarque dos europeus, iam perecendo ao sopro da atividade europeia, embora quase imediatamente após reconhecesse que esse sopro exterminou sete milhões de seres humanos, cuja inferioridade se manifestava em tudo, *inclusive na estatura, acrescentando que viviam como crianças, que se limitavam a existir, longe de tudo o que significasse pensamentos e propósitos elevados.* Por fim, os originários não têm história, que começaria com a chegada dos europeus, os quais, porém, tampouco os incorporam em sua história, senão que os extinguem, pois acreditam que apenas restam poucos descendentes dos primeiros americanos.

Quanto aos africanos, segundo Hegel, não lhes falta apenas história mas também humanidade: nada que se assemelhe a algo humano pode ser encontrado em seu caráter e, ao final, a escravatura oferece-lhes uma vida melhor do que no seu próprio país. A África subsaariana é para Hegel algo isolado e sem história, completamente imerso no espírito natural, e que só pode ser mencionado, aqui, no limiar da história universal.

De acordo com essa narrativa, a Europa era um continente poderoso que se estendeu sobre a América e, ao seu sopro, quase se extinguiu uma população de crianças indolentes e débeis. Nada parece ter sido efeito do poder punitivo nessa narrativa. Talvez por força de um resto de colonialidade, os próprios críticos dessa narrativa não atribuem ao poder punitivo a importância que teve na configuração do *sistema-mundo* desde o seu renascimento europeu pré-1492. Parte da criminologia do norte parece ter como pano de fundo tácito alguma coisa dessa narrativa, ao sustentar a necessidade do poder punitivo, bem como que os genocídios e sub-humanizações são acidentes da periferia do sul, que desaparecerão quando as suas sociedades amadurecerem.

Mais grosseiramente, o esboço básico dessa narrativa repete-se até hoje: o poder é bom, apesar dos seus danos colaterais, porque em algum momento se expande. É a tese do autointitulado neoliberalismo: a concentração da riqueza é positiva, porque um dia vai derramá-la para baixo, também sustentada pela Suprema Corte norte-americana no final do século XIX.

2. O poder punitivo europeu

Da perspectiva do nosso *aqui*, essa narrativa não se sustenta. O grande ausente desse relato é o poder punitivo, mas, considerando os seus efeitos genocidas, não podemos negar que foi o mais perigoso dos elementos carregados nas caravelas conduzidas por Colombo, o qual provavelmente também era um judeu convertido que ocultava seus antepassados (Salvador de Madariaga).

Embora as periodizações da história do poder mundial sejam sempre discutíveis, consideramos correto apontar 1492 como o ponto de partida do capitalismo e da chamada modernidade (Dussel, Migliolo). Muito antes dessa data foram cometidos genocídios na Europa (como a destruição de Cartago) e se havia sub-humanizado as mulheres (metade da espécie) nos códigos sexuais consolidados por volta do século XI, juntamente com o ressurgimento do poder punitivo. Assim, o genocídio e a sub-humanização da mulher são europeus e anteriores ao capitalismo, mesmo que o capitalismo os tenha intensificado.

Em princípio, a Europa não era poderosa no século XV porque estava isolada da China e da Índia (os principais atores econômicos) pelos islâmicos, o que foi exacerbado pela queda de Constantinopla; os turcos ameaçavam Viena, e os árabes ocupavam parte da Península Ibérica. Para ultrapassar este cerco, os portugueses tratavam de chegar ao Oriente margeando a África. Isolamento comercial, miséria e peste bubônica não eram sinais de muito poder.

O poder punitivo – que surge sempre que o príncipe confisca a vítima – aparecera em Roma, cuja sociedade se hierarquizou, passando da monarquia à república e da república ao império. Toda sociedade verticalizada tende a tomar a forma de exército e, quando alcança essa forma, lança-se a ocupar policialmente outras sociedades: coloniza. Roma colonizou quase toda a Europa. Mas como a sociedade colonizadora *em forma de exército* sacraliza suas estruturas hierárquicas, perde ductilidade para se adaptar a novos contextos de poder, razão pela qual Roma imperial não pôde resistir aos bárbaros. Os germânicos reduziram o poder punitivo ao mínimo, pois resolviam seus conflitos por composição, sob a ameaça da *Blutrache* (vingança de sangue). O poder punitivo renasceu por volta do século XI e logo atingiu o seu maior efeito verticalizante na Península Ibérica, ao lançar-se à chamada *reconquista* contra os islâmicos.

A todo exército são indispensáveis os cabos e sargentos para disciplinar suas unidades inferiores: o mesmo acontece na hierarquização das sociedades em forma de exército, em que o *pater familiae* assume esse papel de *caporale* das unidades de base de seres sub-humanizados, mulheres e crianças.

Tenhamos clareza, portanto, de que com poder punitivo a sociedade se hierarquizou na forma de exército, e o *patriarcado* se impôs para disciplinar suas unidades menores. Uma vez consolidado esse exército social, lançou-se a colonizar, dando origem ao capitalismo. Portanto, *o poder punitivo foi o meio necessário para impor o patriarcado, como pressuposto necessário do colonialismo que, por sua vez, foi o pressuposto do capitalismo.*

VII.
OUTRA NARRATIVA

1. O relato do empoderamento colonial a partir do sul

Em princípio, a origem grega da filosofia parece ter sido uma invenção dos românticos alemães para se considerarem seus únicos herdeiros, porque os gregos foram precedidos pelas civilizações que Hegel subestima e, além disso, a própria filosofia grega regressou à Europa trazida pelos árabes, que também forneceram os números, enquanto a pólvora, o papel e a tipografia, segundo alguns, foram inventados pelos chineses.

O que permitiu à Europa ultrapassar a sua difícil situação e adquirir a hegemonia mundial foi a ocupação policial – colonização – do que mais tarde ela mesma denominaria de América, incorporando-a ao sistema mundial como um imenso campo de trabalho forçado, por meio do genocídio dos nossos nativos e do transporte de africanos escravizados, a fim de extrair o ouro, a prata e as matérias-primas desta região, fatores condicionantes de seu crescente poder. *Sem a exploração genocida de índios e africanos, a Europa nunca se teria tornado hegemônica no sistema mundial.*

Nosso território foi policialmente ocupado por pequenos contingentes, fazendo uso de sua superioridade tecnológica (pólvora, aço e cavalos), dos confrontos entre os nossos nativos e dos anticorpos das epizootias que os colonizadores espalharam entre os nativos, provenientes dos seus contatos com animais domésticos aqui desconhecidos. Os invasores desmantelaram as organizações políticas e as economias, demonizaram as religiões e reduziram-nas à condição de servidão, mas sem salário e sem as garantias que os senhores deviam aos seus servos na Europa.

Não sabemos quantos habitantes havia na América, pois as estimativas variam entre dezesseis e noventa milhões, mas o certo é que quase os extinguiram, ou seja, que a *Grundnorm* que funda a propriedade em nossos direitos positivos foi imposta por um genocídio, problema que a nossa filosofia jurídica jamais enfrentou.

Cortés e Pizarro foram dois personagens brutais que não eram movidos pela expansão do cristianismo, pois o primeiro enforcou dois franciscanos incômodos e, conforme algumas versões, envenenou sua esposa espanhola; o segundo tampouco litigou com Almagro por questões teológicas. Eram ladrões de ouro, como demonstram os pés queimados de Cuahutémoc e o destino de Atahualpa.

Não é verdade que não tenha havido resistência. Bartolomé de Las Casas iniciou a resistência jurídica deslegitimando a redução à servidão, o assassinato dos índios e a escravização dos negros, em debate com Juan Ginés de Sepúlveda, racionalizador sombrio do poder.

Mas também houve resistência física, porque os índios nem sempre se submeteram; alguns não tiveram êxito, outros esperaram o momento para suas rebeliões; na Bolívia houve muitas, inclusive com *Willkas* aspirando à reinstauração do Império Inca. Os negros tampouco foram submissos como relata o prussiano, pois fugiam e criavam os *quilombos* – como o de *Palmares* – ou *palenques*; os senhores tinham que caçar escravos fugidos, por vezes com a ajuda de traidores negros; houve também rebeliões de escravos islâmicos, e é por isso que os proprietários de escravos preferiam os boçais (escravos trazidos diretamente da África).

VII. OUTRA NARRATIVA

A revolução de Túpac Amaru foi uma fortíssima reação contra os colonizadores, precedida por múltiplas revoltas reprimidas com crueldade invulgar, mas que comprovam a forte consciência comunitária, reiterada na composição multiétnica dos exércitos libertadores. A independência do Haiti mostra algo semelhante em face da escravatura. A *Rebelião dos Comuneros*, na Colômbia, é exemplo da gestação da resistência crioula.

As cosmovisões dos índios e dos negros sobrevivem até aos nossos dias. Embora suas culturas tenham sido decapitadas e os túmulos dos seus antepassados violados, os deuses indígenas sobrevivem. Os negros sincretizaram as entidades do seu panteão com figuras cristãs, e elas seguem vigentes. São sinais claros de resistência cultural, com o respeito pela natureza própria da sua cosmovisão.

2. A hierarquização racista da sociedade colonizada

A fim de estruturar nossas sociedades colonizadas sob a forma de imensos campos de trabalho forçado, hierarquizaram-nas através da invenção do conceito de raça vinculado à melanina. Derivavam essa invenção da tripartição europeia do mundo anterior à colonização: Ásia, Europa e África, que, segundo o mapa do século VI de Isidoro de Sevilha (Mignolo), correspondiam aos três filhos de Noé (Sem, Jafé e Cam, respectivamente, com a confusa maldição de Noé contra os negros).

As raças foram inventadas para hierarquizar o pessoal do imenso campo de trabalhos forçados: na base, os índios e os negros, meros aparelhos de extração; um pouco mais acima, os mestiços e mulatos, algo rebeldes à subjetivização subordinada, devido à sua melanina menor; depois, os filhos dos colonizadores, que pretendiam compartilhar a herança adiantada dos seus pais; no topo, os colonizadores, em sua maioria de população europeia marginal. Os europeus reconquistados e perseguidos se ressubjetivizavam, passando de marginalizados a policiais de ocupação, exploradores ou caixeiros na sociedade colonial. É claro que em todos os estratos as mulheres eram sub-humanizadas, inclusive com dupla discriminação.

Como o conceito moderno de classe surgiu apenas com a aparição do proletariado industrial europeu, nossa sociedade colonial não era classista, mas puramente racista, com efeitos que atravessarão toda a história subsequente e que, em grande medida, continuam no presente.

3. A revolução industrial a partir da Europa

As matérias-primas e os meios de pagamento fornecidos pelo trabalho forçado colonial levaram ao aparecimento, nas cidades europeias (burgos), de uma classe de industriais, comerciantes e banqueiros (burguesia) que lideraram a revolução industrial e deslocaram a nobreza.

A luta das burguesias europeias pela hegemonia deu origem a discursos que exaltavam a igualdade e a razão, mas diante do risco de que os europeus marginalizados e os colonizados tentassem utilizar esses discursos, Hegel introduziu uma hierarquização entre os humanos com autoconsciência ou livres (mais humanos) e outros que não eram nem autoconscientes nem livres (menos humanos).

Uma vez assentadas no poder as burguesias, a exaltação da liberdade e da igualdade deixou de lhes ser funcional, pelo que se deu um enorme salto filosófico, abjurando a metafísica e até esquecendo a pretensa origem grega, para cair no positivismo biológico e racista e regressar a uma concepção organicista da sociedade, segundo a versão de Comte ou Spencer.

O industrialismo produziu concentração urbana, que concentrou em suas cidades uma população miserável removida do campo e, também, o capital próprio da etapa de acumulação originária, ainda insuficiente para se incorporar ao sistema produtivo. Essa concentração explosiva fez com que as classes urbanas miseráveis fossem consideradas *perigosas* – como afirmaram o *Institut de France* e Frégier, em 1838 – e, para controlá-la, os estados burgueses levaram às suas grandes cidades a técnica da ocupação policial territorial que aplicaram nas suas colônias, o que deu origem às polícias europeias.

Sob a perspectiva do racismo involutivo do mito germânico, Gobineau sustentava que as classes altas eram germânicas; as classes médias, comerciantes semelhantes aos chineses, e os *sans-culottes*, aos negros; do racismo evolutivo spenceriano, nas classes subalternas ocorriam alguns fenômenos biológicos regressivos sob a forma de *acidentes atávicos* que produziam um ser inferior, análogo ao colonizado, no meio da raça superior. Foi neste contexto que Lombroso teorizou o *delinquente nato*, precedido por outros médicos sem tanto sucesso publicitário (Gall, Prichard, Lacassagne etc.). Em todo esse caldo ideológico não é difícil encontrar elementos que serviriam ao fascismo em Comte, ao nazismo em Gobineau e ao racismo, ao colonialismo e à glorificação do mercado em Spencer.

4. A revolução industrial na perspectiva dos colonizados

A Espanha empreendeu o colonialismo ao mesmo tempo em que expulsava mouros e judeus e concentrava o seu poder punitivo (Inquisição espanhola) contra os convertidos, eliminando, assim, sua incipiente burguesia. O ouro e a prata, que explorava de nossa região, passava por uma sociedade petrificada nas mãos de uma nobreza folgada que importava de tudo, fazendo com que as burguesias se desenvolvessem no centro e norte da Europa, e a península acabasse por perder sua hegemonia continental.

A decadência do império ibérico facilitou nossas independências, que foram uma proeza de exércitos multiétnicos e de líderes crioulos. Em nossos países formaram-se oligarquias locais, que rapidamente eliminaram os libertadores, a fim de estabelecerem boas relações com as novas potências – especialmente a Grã-Bretanha –, dando lugar a um neocolonialismo que se poupou do trabalho de nos ocupar.

A estrutura social racista permaneceu quase intacta, apenas seu topo foi ocupado pelos descendentes de europeus. Foram sancionadas constituições liberais que permaneceram no puro *dever ser que não era*, pois se estabeleceram regimes oligárquicos excludentes das grandes maiorias de *raças inferiores*, que se encarregaram de contrair dívidas em condições leoninas, de assinar ridículos tratados recíprocos de livre navegação etc.

Essas repúblicas oligárquicas se consolidaram em diferentes momentos durante o longo período da sua etapa neocolonial: o *porfiriato* mexicano, o *gomecismo* venezuelano, a República Velha brasileira, o *patriciado* peruano, os barões do estanho bolivianos ou a oligarquia pecuarista argentina. O neocolonialismo oligárquico tampouco teve dúvidas quanto à preservação do sistema escravagista (até 1886 em Cuba, até 1888 no Brasil), embora a abolição apenas tenha servido para substituir a escravatura pela servidão. Também teve o cuidado de frustrar qualquer tentativa de superar a balcanização regional, e sua versão norte-americana invadiu e roubou território (México), ocupou alfândegas, cobrou dívidas pela força e impôs ditaduras tragicômicas.

No extenso período da sua dominação, foram cometidos massacres contra etnias originárias, como a campanha do deserto patagônico, a campanha paralela chilena ou a salvadorenha de 1932, com 30.000 vítimas. Outro genocídio – desta vez de haitianos – foi a chamada Guerra da Salsa do ditador Trujillo, em 1937, com 20.000 vítimas. A América Central resistiu à ocupação norte-americana, destacando-se a heroica ação de Sandino na Nicarágua (1927 e 1933).

Nos Estados Unidos, o conflito entre o sul de economia primária e o norte industrializado provocou a Guerra da Secessão, abolindo o sistema escravagista para universalizar a economia do norte, e não para combater o racismo, que persiste até os dias de hoje. Os sulistas haviam tentado ocupar a América Central para criar um grande estado escravagista; Walker chegou a tomar a Nicarágua.

A Grã-Bretanha exercia o neocolonialismo em quase toda a região, com exceção do norte, onde os Estados Unidos se limitavam a praticá-lo em alguns pontos sem disputar o resto. Um enorme exemplo genocida de influência britânica foi a chamada Guerra da Tríplice Aliança (1864-1870), que destruiu o Paraguai devido aos desejos expansionistas do regime escravagista brasileiro e aos interesses britânicos,

VII. OUTRA NARRATIVA

arrastando o velhaco governo argentino, gerido pelo portenhismo colonialista. A prolongada resistência paraguaia foi uma experiência anticolonial muito forte.

A Bolívia perdeu seu acesso ao mar para o Chile, e décadas mais tarde se promoveu a guerra entre aquela e o Paraguai. No Brasil, a República Velha encontrou-se com os movimentos de Canudos (Antônio Conselheiro) e do Padre Cícero, o primeiro, reprimido sanguinariamente, mas ambos de grande importância para a valorização do elemento místico nas táticas de resistência. Neste sentido, devemos também investigar os feitos de Liborio na República Dominicana e a rebelião boliviana de 1899, testemunhos de sólidas sobrevivências culturais, bem como a *Guerra de Castas* Yucateca a partir de meados do século XIX.

Desde as últimas décadas do século XIX e sobretudo até à Primeira Guerra Mundial, devido ao subdesenvolvimento do sul europeu – atrasado na acumulação primitiva de capital – uma grande parte da sua população excedente foi maciçamente deslocada para o sul americano, gerando novos fenómenos de ressubjetivização, uma vez que os recém-chegados – pobres em melanina – e, em especial seus descendentes de classe média, pretenderam inserir-se nos estamentos superiores dos criulos brancos, assimilar sua ideologia racista e alguns até se tornaram ideólogos entusiastas dessa ideologia. Tampouco faltaram anarquistas, socialistas e sindicalistas entre as pessoas transportadas – todos foram fortemente reprimidos. Essas ideologias do norte empobrecido introduziram ideias próprias da luta social das sociedades de classe do norte no contexto das sociedades com hierarquização racista do sul. Isto, por vezes, deu origem a uma estranha esquerda nativa de iluminados que, apesar de suas utopias generosas e condutas, por vezes, heroicas, pretenderam ser mais sábios que os povos.

5. O racismo acadêmico das repúblicas oligarcas

Todo discurso filosófico e mesmo religioso foi manipulado no mundo para legitimar a *exclusão abissal* de que fala Boaventura. Daquele vasto cardápio de veículos ideológicos que oferecem bilhetes para a sub-humanização, escolhe-se um, e as nossas oligarquias empoderadas, diante da necessidade de legitimar o exercício do poder político e punitivo para manter em ordem as camadas *racialmente inferiores*, escolheram o positivismo. Alguns poucos ideólogos – especialmente no Brasil – optaram pela versão comtiana do poder político, mas no resto da região e na criminologia dominou o positivismo grosseiro de Spencer.

Poucos casos de colonialidade alienante criadora de sujeitos cognoscentes e ausências tiveram consequências mais trágicas do que seu efeito sobre a maior parte da intelectualidade da época oligárquica, incluindo criminólogos e penalistas. Condicionados a se crerem os avançados da civilização e em nome de um suposto progresso, legitimaram um poder genocida que, com crueldade invulgar, pretendeu impor modelos de Estados que excluíam os indígenas, os negros e os pobres. A coincidência ideológica das oligarquias e da criminologia explica o sucesso do positivismo nas academias das nossas repúblicas oligárquicas, com iniciadores como Nina Rodrigues e José Ingenieros.

VIII.
UMA NOVA ETAPA DO NEOCOLONIALISMO

1. A ampliação da cidadania real

Um capítulo fundamental da resistência neocolonial foi a Revolução Mexicana – a guerra civil mais sangrenta do século passado –, eclosão de uma sobrevivência contida, especialmente dos camponeses zapatistas, embora não só deles.

Nas décadas que se seguiram a este episódio crucial na história regional do século passado, geraram-se movimentos populares que enfraqueceram ou eliminaram as oligarquias neocoloniais (APRA peruana, *cardenismo* mexicano, *varguismo* brasileiro, *yrigoyenismo* e *peronismo* argentinos, *velasquismo* equatoriano, MNR boliviano). Alguns deles também manipularam o poder punitivo, foram por vezes contraditórios e personalistas, mas é indiscutível – como característica comum – que alargaram a base de cidadania real, dando um forte impulso ao desenvolvimento humano na região.

Após a Segunda Guerra Mundial, o lugar do imperialismo britânico foi ocupado pelos Estados Unidos, mas como esses governos populares não eram compatíveis com a nova versão neocolonizadora, nos anos cinquenta do século passado a Guatemala foi invadida, provocou-se o suicídio de Vargas e realizou-se, pela primeira vez, o bombardeio aéreo de uma capital sul-americana, levando à queda de Perón. Anunciava-se uma nova etapa do neocolonialismo, que não podia fazer uso das oligarquias, as quais haviam perdido poder como resultado dos movimentos populares.

2. A Guerra Fria na perspectiva dos colonizados

A Revolução Cubana e outros movimentos forneceram o pretexto para, a partir do norte, alienarem-se as cúpulas das nossas forças armadas com a chamada Doutrina de Segurança Nacional, originalmente legitimante do brutal poder punitivo informal do colonialismo francês na Indochina e na Argélia, simplificado pela Escola das Américas e sintetizado e legitimado pelo nazista Carl Schmitt como *teoria do guerrilheiro* ou da *guerra suja*.

Sua função manifesta era livrar a região da ameaça do comunismo internacional de bandeira vermelha; sua função latente foi a inversão total da expansão da cidadania real alcançada pelos movimentos populares e, economicamente, a entrega das riquezas naturais e as privatizações, de acordo com a ideologia autointitulada neoliberal, em sua primeira tentativa de tornar crônico o subdesenvolvimento regional. Para este fim, os golpes de Estado foram normalizados, e as forças armadas nacionais operaram como exércitos de ocupação, por meio do uso sistemático e genocida do poder punitivo informal coordenado regionalmente, como no chamado Plano Condor no cone sul.

O poder punitivo das ditaduras de segurança nacional assumiu duas formas de genocídio extremo: a eliminação direta de populações inteiras na guerra centro-americana, argumentando que nelas se escondiam guerrilheiros (o brutal lema segundo o qual era necessário *tirar a água dos peixes*); e o método de desaparecimento forçado de pessoas, usado preferencialmente no extremo sul. Esta última prática massiva foi seletiva contra jovens com vocação política e eliminou uma geração de futuros líderes.

O declínio da etapa neocolonial da segurança nacional deveu-se ao avanço da financeirização global da economia. Seu declínio foi precipitado pela Guerra das Malvinas em 1982, enquanto ascendia a nova versão colonial, coroada em 1989 com o Consenso de Washington, que voltou à carga com o fundamentalismo de mercado – *neoliberalismo* –, que discutiremos mais tarde.

Deve-se observar que, muitas vezes, os genocídios do poder punitivo e as suas ideologias legitimadoras querem-se desculpar apelando a um determinismo histórico nebuloso, como fenômenos próprios da sua época. É óbvio que o poder punitivo é sempre exercido dentro de um quadro de poder e é legitimado pela ideologia de uma época e não de outra. No entanto, isso não denota qualquer determinismo histórico, nem qualquer criminoso deixa de ser criminoso ou passa a merecer monumentos.

IX.
O PODER PUNITIVO DO COLONIALISMO TARDIO

1. Para uma melhor aproximação

Temos visto que o poder – em geral, e o poder punitivo em particular – é globalizado desde 1492, ou seja, desde meio milênio o norte e o sul compartilham uma moldura de poder e, consequentemente, há duas narrativas diferentes acerca desse poder: a do colonizador e a do colonizado.

O poder punitivo que vivenciamos em nossa região e que havíamos nos limitado a descrever, agora e à luz do passado, apresenta-se-nos no quadro geral de uma nova etapa do colonialismo, diferente dos neocolonialismos e mesmo do imperialismo que lhes era inerente, porque não é conduzido por nenhum imperador, ou seja, não é decidido e conduzido por estadistas do norte em favor dos seus *establishments*, mas pelos gestores da macrocriminalidade financeira organizada, aos quais estão subordinados os estadistas do norte. Essas não são características menores, quando se trata de identificar o poder a que se deve resistir. Para diferenciá-lo das etapas anteriores, vamos denominá-lo *colonialismo tardio*.

Com esses elementos, estamos agora em condições de aproximar-nos melhor da explicação do exercício atual do poder punitivo na região, que no corte transversal havíamos nos limitado a descrever.

2. A invasão da realidade

A primeira coisa que se destaca na aproximação ao poder punitivo do colonialismo tardio é que ele não se revela um poder que invade territórios ou promove auto-ocupações pela segurança nacional, ao estilo folclórico de Vichy, senão que cria uma realidade distorcendo fatos, utilizando ao máximo os recursos proporcionados pela revolução tecnológica das últimas décadas do século passado. Para tanto, vale-se de empresas monopolistas de meios de comunicação social que *inventam realidade* com marketing publicitário, *big data* e *trolagens*, de modo a apoderar-se do aparato político do país colonizado, pervertendo seu jogo democrático.

Esses monopólios de comunicação cumprem uma função equivalente à dos partidos políticos únicos dos totalitarismos do entreguerras, pois criam e sustentam as candidaturas dos agentes locais da macrocriminalidade financeira e levam adiante suas campanhas eleitorais com a máxima desonestidade, alimentando suas realidades únicas com *fake news* – por vezes hilariantes – e com múltiplos mercenários que fazem parte das associações ilícitas de *lawfare* a que nos referimos. De acordo com os partidos únicos midiáticos, os políticos populares são corruptos, enquanto aqueles mesmos partidos escondem cuidadosamente os crimes dos "impolutos" agentes locais da macrocriminalidade organizada.

Na realidade, como qualquer totalitarismo, pervertem as democracias por meio de táticas *völklisch*, ou seja, pela desinformação e pela informação falsa. Embora difiram no que diz respeito ao uso da moderna tecnologia, seu conteúdo não inova em relação aos onze princípios clássicos de Goebbels.

3. Os objetivos estratégicos do colonialismo tardio

No que concerne ao poder punitivo, esses partidos únicos inventam uma guerra à delinquência e à corrupção e ameaçam queimar em fogueiras midiáticas juízes e políticos que não se curvem ao seu discurso, conforme a divisa inquisitorial segundo a qual os piores inimigos não eram as bruxas, mas aqueles que não acreditavam no poder das bruxas, porque duvidavam assim do poder dos inquisidores, ou o negavam.

Essa guerra inventada contra a delinquência e a corrupção faz parte do quadro de exercício de poder do colonialismo tardio: ele instala nos governos agentes locais da macrocriminalidade organizada para que entreguem recursos naturais e patrimônio estatal a um preço vil, privatizem a previdência social e todos os serviços públicos, revoguem a legislação trabalhista, assinem acordos que comprometam a soberania nacional e, sobretudo, contraiam dívidas siderais sujeitas à jurisdição dos credores, cujos montantes não são investidos, mas sim depositados em paraísos fiscais. Trata-se de crimes colossais de administração fraudulenta, o que demonstra claramente que essa guerra contra a corrupção é completamente falsa.

Esses macrodelitos dos agentes locais do totalitarismo financeiro do norte impedem o crescimento do PIB, conduzem à falência as pequenas e médias empresas e concentram riqueza, de sorte que não surpreende que a nossa região seja a campeã mundial em termos de coeficientes de Gini. Para facilitar a exploração do trabalho escravo, revoga-se a legislação trabalhista (*flexibilização*), precariza-se o emprego e reduz-se o mercado interno. Em resumo: pretende-se criar uma sociedade com 30% de incluídos e 70% de excluídos, perdidos no nevoeiro dos meios de comunicação social.

4. O poder punitivo do colonialismo tardio

Quanto ao poder punitivo exercido nesse quadro, os partidos únicos dos meios de comunicação social reiteram a torpeza da *tolerância zero* do fanfarrão nova-iorquino e exigem o grande encarceramento na versão sul, que acaba por sobrepovoar as prisões até mais de 300% de sua capacidade, ou seja, como já salientamos, degradam-nas a campos de concentração, embora a taxa de mortalidade carcerária e os sangrentos motins por vezes permitissem caracterizá-las como de extermínio por sorteio.

O nosso grande encarceramento no sul não afeta o mercado de trabalho como acontece no norte, porque o pessoal penitenciário não aumenta proporcionalmente ao número de presos e, por isso, a ordem interna desses campos de concentração acaba nas mãos de bandos de prisioneiros que operam como *kapos* e submetem os restantes à servidão. Os letais motins, com centenas de mortos, são por vezes incitados pelo pessoal prisional por razões vinculadas ao tráfico interno de drogas ou outras formas da indústria prisional. Os partidos únicos dos meios de comunicação social os apresentam como prova da selvageria dos presos, a ratificar a necessidade do grande encarceramento.

A verdade é que todo encarceramento nessas condições constitui uma pena cruel, desumana e degradante, e mesmo a tortura, especialmente para pessoas com condições precárias de saúde, etárias ou familiares. Os juízes se veem obrigados a ser autores mediatos de penas ilícitas ou de torturas e autores diretos do abandono de pessoas, sob o risco de serem acusados de libertação indiscriminada de criminosos perigosos pelo partido único midiático, o qual, em alguns casos, difundem seus domicílios e informações sobre seus familiares para que sejam hostilizados por grupos de exaltados ou mercenários.

Mais de metade dos prisioneiros regionais não estão condenados; fazem parte de uma população prisional flutuante (que os partidos únicos denominam *porta giratória*) de jovens de bairros pobres não acusados de crimes graves, pois, de outro modo, não seria flutuante, nem a porta seria giratória. Como a prisão preventiva é decretada sem garantia de legalidade – que se reserva às condenações –, o número de presos sem condenações aumenta constantemente. Quando algum dos presos dessa numerosa população flutuante, que entra e sai constantemente da prisão, comete um homicídio, o partido único midiático instiga ao linchamento do juiz.

5. Todo o poder punitivo do sul tende à informalidade

Como já salientamos, as penas previstas nos códigos estão calculadas como privações de liberdade, mas não como castigos corporais ou torturas; portanto, as penas impostas não são legais, e muito menos o são as prisões preventivas.

Isto significa que a vigência das leis penais é mais que duvidosa, ou seja, que o direito penal formal deu lugar a um exercício de poder punitivo ilícito, numa espécie de regressão pré-iluminista. Essa conversão do poder punitivo formal em poder relativamente informal e pré-iluminista é ignorada pela doutrina jurídica do normativismo, difundida a partir das usinas de reprodução ideológica, que segue inalterada a sustentar que a prisão preventiva é equivalente à medida cautelar do processo civil, e que a execução penal é problema dos poderes executivos ou administrativos.

Não obstante, é inegável que as penas de prisão autorizadas e executadas não são as previstas em lei, e sim as vedadas pelas constituições e pelo direito internacional. Por outro lado, pretender alegar a compartimentalização do sistema penal, para argumentar que os juízes se limitam a emitir sentenças e ordens em conformidade com a lei, e que a sua execução corresponde aos poderes executivos, é essencialmente o mesmo recurso utilizado por Eichmann em Jerusalém, ao dizer que se limitava a planejar viagens de trem. Sabemos de sobra que a mais criminosa das condutas, fora do contexto, pode ser inofensiva, e de fato, fora do contexto, é mais inofensivo planejar viagens de trem do que assinar sentenças.

6. O condicionamento para roubar

O grande encarceramento do sul tem intensidade diferente de acordo com os países, mas naqueles que atingem maior volume, a observação sociológica mais elementar mostra que se traduz na deterioração dessa população prisional flutuante, razão pela qual, em vez de prevenir futuros crimes, condiciona-os a futuros desvios de conduta.

A carreira criminosa (o frondoso prontuário dos partidos únicos) começa muito cedo, com a exclusão do indisciplinado (escolarização negada ou expulsiva), continua com o pequeno furto que o leva ao instituto de correção (prisão juvenil) e culmina com sua ressocialização delinquente (ressubjetivização por introjeção do estereótipo) nas prisões superlotadas, onde se reforça nele um ressentimento social, imprime-se-lhe a marca do estigma carcerário (inclusive com tatuagem) e se lhe restitui a liberdade com o certificado de incapacidade para o trabalho inerente àquele estigma.

Se a função latente ou real da prisão em massa dos jovens é a reprodução da delinquência grosseira contra a propriedade, pode-se deduzir que esse efeito deve ser estrategicamente funcional para o poder. Não deixa de ser notável que o grande encarceramento do norte tenha ocorrido simultaneamente à financeirização da economia e à introdução da nova forma de invasão midiática institucional no sul.

7. A função manifesta do poder punitivo formal é mentirosa

A verificação da função latente deixa claro que a função manifesta da metáfora bélica (guerra à delinquência) é tão falsa como a guerra à corrupção. *Não se previne o que se reproduz, e em nenhuma guerra se treinam os soldados do inimigo.*

A reprodução da delinquência não é um efeito paradoxal involuntário, porque a incompatibilidade dos seus efeitos com uma guerra à delinquência é demasiada evidente, de vez que aumenta ou gera fenômenos claramente negativos: altas taxas de homicídio e sua impunidade, maior frequência de crimes contra a propriedade, empoderamento das polícias, excessos de exação, mais poder punitivo *informal*, emergência de grupos parapoliciais, aumento da distribuição varejista de drogas e outros delitos de mercado e, sobretudo, banalização da questão penal em grande parte da população. É óbvio que *ninguém faz uma guerra para perdê-la*.

8. A seleção dos criminalizados mais aptos para a reprodução

Toda reprodução requer a seleção dos elementos mais aptos que, neste caso, são jovens das classes subalternas e sob frequente discriminação cruzada (classista e racista), mas com características que os tornam mais aptos para o treinamento.

As estatísticas prisionais e judiciais mostram que o poder punitivo *formal* não recai fortemente sobre os delinquentes violentos (homicidas e estupradores), pois a imensa maioria (sempre mais de 80%) está dividida entre delinquentes grosseiros contra a propriedade (roubo e furto) e um grupo menor de distribuidores varejistas de drogas.

A vulnerabilidade desses jovens ao poder punitivo é maior se à discriminação cruzada se agregam sua extrema *fragilidade social* e sua *fragilidade subjetiva*. A primeira é configurada pelo analfabetismo, pela falta de formação profissional, por sua capacidade limitada a cometer crimes grosseiros e por sua maior coincidência exterior com o estereótipo. Sua *fragilidade subjetiva ou subjetividade lábil* (insegurança do *"quem sou eu?"*) facilita sua ressubjetivação delinquente (*"sou ladrão"*).

9. São homens jovens: o reflexo do patriarcado

É de se notar que nos referimos exclusivamente aos homens e não às mulheres presas. Esta é mais uma verificação da vigência do patriarcado. Desde o patriarcalismo europeu condicionante do colonialismo, as mulheres são disciplinadas por homens, digamos por *delegação*. O poder hierarquizante as disciplina através do patriarcado e, portanto, não é necessário controlá-las pelo poder punitivo na mesma medida em que se controlam os homens, que são quem se encarrega de controlá-las.

O poder punitivo é misógino desde suas origens inquisitoriais até os dias de hoje. A população prisional feminina é muito menor (3% a 5%, dependendo do país) e para atividades delinquenciais subordinadas, razão pela qual é maior, no reduzido número de mulheres presas, a frequência de sua participação em crimes de drogas, como *mulas* ou *transportadoras* etc. Observe-se que quando uma mulher é protagonista de um delito violento, é projetada nos meios de comunicação como sendo mais cruel do que um homem, como *caso de degeneração*, porque para o patriarcado midiático o normal é que ela desempenhe um papel subordinado, mesmo no crime.

Por outro lado, o encarceramento feminino gera problemas que não se sabe bem como resolver, como os relacionados à maternidade, à guarda de crianças na prisão e outros – problemas que as burocracias, como normalmente os resolvem de péssima forma, tratam de evitar.

X.
A FUNCIONALIDADE DA REPRODUÇÃO DELITIVA

1. A funcionalidade da delinquência comum

Se a criminalização dos vulneráveis mais débeis e frágeis não previne delitos, não empodera aqueles que os criminalizam (maltratá-los não dá poder), nem corresponde à lógica de qualquer guerra, mas reproduz continuamente a delinquência, isso é funcional ao poder, que *nunca faz alguma coisa por nada ou para nada*.

Quando desejamos saber que função alguma coisa cumpre, apelamos à causalidade, imaginando o que aconteceria se desaparecesse: assim, sem médicos, morreríamos mais facilmente; sem semáforos, o trânsito seria caótico etc.

No que diz respeito aos crimes contra a propriedade, há muito foi testada a disparatada hipótese do desaparecimento abrupto dos ladrões. Entre a ironia e a realidade, a verdade é que, fora levar à inutilidade tanto a segurança privada quanto os seguros, quebraria também o sistema bancário, porque não seria necessário depositar dinheiro nos bancos ou utilizar dinheiro de plástico, e os bancos teriam de contratar ladrões. Porém, mesmo essa absurda hipótese não explica a funcionalidade da sua reprodução em nossa região.

Como qualquer fenômeno complexo, a reprodução da delinquência contra a propriedade é *multifuncional*. Entre suas funções podemos identificar pelo menos seis, que passamos agora a sintetizar, mas é bem possível que haja outras das quais ainda não estejamos conscientes.

2. Promove a demanda por maior punição

Sabe-se que a *vitimização*, tal qual a criminalização, é seletiva, uma vez que se verifica uma relação direta entre a pobreza e o risco de vitimização (quanto maior a pobreza, maior o risco de vitimização).

Pois bem, a *primeira função específica* da reprodução da delinquência contra a propriedade é a promoção da demanda por maior exercício do poder punitivo pelos próprios excluídos, porque os jovens condicionados à reiteração regressam aos seus bairros precários e roubam seus vizinhos, os quais, vendo-se atacados, cedem ao discurso de guerra dos partidos únicos midiáticos, ou seja, ao discurso esgrimido pelos agentes locais da *macrocriminalidade organizada*.

3. Debilita o sentimento de comunidade

Essa vitimização dos próprios excluídos cumpre uma segunda função importantíssima, porque ao gerar antagonismos em bairros pobres, debilita o sentimento de comunidade (de pertencimento), de cuja solidez depende a capacidade de resistência e protesto.

A conflitividade entre os excluídos impede o diálogo e a organização, que são os pressupostos de um protesto racional, da própria tomada de consciência de sua exclusão e, mais ainda, da opção política coerente com sua condição. Enquanto as pessoas roubam e matam-se umas às outras, é óbvio que não dialogam e que se dificulta sua organização comunitária.

4. Legitima a imagem de guerra

A *terceira função específica* dessa reprodução delinquencial é a legitimação, em vários países, da elevada letalidade de seu poder punitivo *informal*. Para inventar uma guerra, é necessário mostrar mortos, ou seja, exibir cadáveres produzidos em confrontos reais ou supostos (execuções sem julgamento, falsos positivos), como pertencentes ao suposto *soldado inimigo* abatido.

As execuções não costumam ser muito seletivas, pois os candidatos a cadáveres não necessitam de treinamento prévio, sendo suficiente a sua exterioridade estereotipada. No entanto, por vezes a *ressubjetivação delinquencial* tem impacto em certas personalidades muito frágeis sob a forma de uma deterioração que acaba em suicídio triangular inconsciente (roubos em condições de altíssimo risco ou de imprevisibilidade). São os cadáveres mais idôneos para reafirmar a invenção bélica midiática.

5. Promove a caricatura imitativa das classes hegemônicas

A *quarta função específica* é de grande importância eleitoral e consiste na contribuição à *invenção midiática de uma casta de párias* (no sentido funcional que Jessé Souza toma de Max Weber).

Aqueles selecionados cujo exterior melhor se ajusta ao estereótipo são exibidos pelos partidos únicos midiáticos como feios, inestéticos, sujos, ignorantes, preguiçosos, concupiscentes, viciosos, perversos, carregados de ódio, impiedosos, irracionais, insensíveis e emergentes de uma inventada casta inimiga degenerada, criminosa e sub-humana. Isto faz com que os habitantes de todas as classes sociais realmente existentes estabeleçam distância, sob a forma de distanciamento por rejeição radical, a qualquer eventual identificação ou proximidade com toda pessoa ou símbolo próximo a esses horríveis párias infra-humanos.

Os partidos únicos midiáticos oferecem o modo de expressar e testemunhar de forma segura e objetiva a rejeição radical dessa *casta*, certificando uma repugnância retumbante que também reafirma subjetivamente a superioridade social, moral e humana de todos os *não párias* (ou seja, de toda a sociedade). Trata-se de assumir ideias, discursos, pautas de comportamento e modas que supostamente pertencem às classes hegemônicas, refinadas, elegantes, sérias, formais e circunspectas, o que provoca uma imitação caricatural daqueles que não pertencem, e nunca pertencerão, a elas, sem contar que, na realidade, nem sempre correspondem às dos próprios setores privilegiados.

Essa função é de vital importância eleitoral para os agentes locais da *macrocriminalidade organizada*, pois alimenta a *meritocracia* em todas as classes sociais para instigá-las, no seu afã de se distanciarem da casta de párias liderados por políticos corruptos, a curvarem-se ao discurso eleitoral do partido único midiático, o que explica contradições como a de os discriminados votarem naqueles que os discriminam.

Os estratos que se beneficiaram de alguma ascensão social – nos parênteses populares da regressão do subdesenvolvimento – são vulneráveis à armadilha midiática da invenção da *casta de párias*, que os incita a romper os laços com seu pertencimento originário e a ressubjetivarem-se, ou seja, a deixar de ver-se a si mesmos como pobres, para passar a uma suposta classe média. Porém, também as camadas mais baixas da classe média são muito suscetíveis a esse ardil, as quais, mediante a mencionada rejeição, reafirmam sua subjetividade para distinguir-se dos pobres que se aproximam de seu nível. Deste modo, fomenta-se um jogo duplo na mobilidade social: *eu subi pelo meu próprio esforço porque sou diferente dos párias e não tenho nada a ver com eles* (distanciamento *meritocrático*, rompendo laços com aqueles que permanecem abaixo); *eu estou aqui pelo meu próprio esforço e não tenho nada a ver com aqueles párias que sobem sem esforço e pretendem ser iguais a mim* (distanciamento *meritocrático* em relação àqueles que ascendem).

6. Desorienta e condiciona os governos populares

A*quinta função* da reprodução da delinquência contra a propriedade é o condicionamento dos governos populares, que os impede de interromper o processo de encarceramento em massa, por receio de que os partidos únicos midiáticos os acusem de fraqueza na *guerra contra o crime* e de leniência com os *párias* e os *patibulários*.

Nas campanhas eleitorais dos partidos únicos, os governos que correspondem à *macrocriminalidade organizada* são mostrados como sendo de *ordem*, enquanto os populares são mostrados como sendo de *desordem e caótico*s, o que faz com que estes últimos acreditem-se obrigados a dar provas de sua *vocação para a ordem* e, frequentemente, fazem-no promovendo o encarceramento e a autonomia fiscal e punitiva da polícia.

Por outro lado, os políticos populares são excessivamente assediados pelas vilezas dos partidos únicos midiáticos e não costumam compreender a função da invenção da *guerra contra o crime*, convencidos de que se trata apenas de um mero *problema de segurança*, segundo o rótulo com que os próprios partidos únicos o vendem. É por isso que são propensos a acreditar que a crítica ao encarceramento em massa é produto de posições extremas, de um sentimento ingênuo de compaixão pelos presos ou da exigência de garantias por parte de teóricos alienados da realidade.

Isso explica por que o encarceramento em massa se acelera em alguns governos populares, pois seus políticos ainda continuam submetidos à criação da realidade pelos partidos únicos midiáticos; desconcertam-se quando – demasiado tarde – o poder punitivo que fortaleceram se volta contra eles com golpes de Estado *soft* ou sob a forma de *lawfare*.

No passado, governos populares chegaram a promover políticas redutoras do poder punitivo, distanciando-se de nossas velhas oligarquias, como o *primeiro peronismo* na Argentina (1945-1955), mas isso já não acontece, pois todas as cores políticas promovem ou toleram o processo de encarceramento em massa, sem que os políticos populares tenham consciência do perigo ou da importância politicamente nuclear do que é envasado pelos partidos únicos com o rótulo de *problema de segurança*.

7. Imuniza o poder punitivo hegemônico e informal

A *sexta função* que detectamos, particularmente em tempos de emergências, é o desvio da canalização da vingança, afastando-a do poder dominante. Essa função tem sido cumprida desde tempos longínquos, como nas fomes, pragas e perdas de colheita atribuídas a Satanás e às bruxas, ou na peste bubônica atribuída a unguentos dos judeus. Ela impede que a catástrofe seja atribuída às classes hegemônicas ou aos fatores reais de poder, imputando-a aos estereotipados e aos políticos do *lawfare*. Assim são as novas colunas infames de comunicação do nosso tempo.

Se os agentes locais da *macrocriminalidade organizada* não ocupam o poder político, na emergência seus partidos únicos desviam a vingança para os *delinquentes* impunes por ação do governo; contudo, se são os seus agentes que ocupam o poder, desviam a vingança para os opositores. Em qualquer caso, descreverá a *casta de párias* como responsável direta e os políticos populares como acobertadores do poder político ou como instigadores da oposição.

XI.
O ESTADO ATROFIADO E A FABRICAÇÃO DE SUBJETIVIDADES

1. O Estado atrofiado

O exercício delituoso do poder punitivo *informal* e a impunidade garantida pelo *formal* não tendem a configurar um *Estado policial*, como é frequentemente afirmado com o uso abusivo do adjetivo *fascista*.

Em geral, para conter os crescentes excluídos de nossa região não predomina a repressão sob a forma de operações, invasões ou incursões policiais violentas e letais em bairros pobres. Embora praticadas, não são muito eficazes e podem ser disfuncionais, exceto na estrita medida em que sejam executadas apenas contra os *inconvenientes* desses bairros, cuidado que nem sempre se tem nos casos de massacres.

O método agora preferido para controlar a exclusão é a já referida *fabricação de ladrões e vítimas,* porque, em face das reivindicações das últimas, aumentam-se a arbitrariedade policial, a autonomização de suas agências, o exercício do poder punitivo *informal* e a perfeição de seus sistemas de arrecadação (cobrança de proteção, extorsões, taxas para a prostituição, jogo proibido, redução de objetos roubados, acobertamento de ladrões que distribuem benefícios, participação na distribuição de drogas etc.).

As execuções sem processo de jovens de bairros pobres continuam, mas, fora desses procedimentos passivos, o que os impulsiona é integrar-se em formas mais orgânicas de delinquência, que também arrecadam e exercem poder punitivo *informal* (acerto de contas, vinganças, disputas de mercado etc.): fabrica-se a delinquência organizada local *terceirizada.* Como tudo isso gera caos social, em determinado momento alguns marginalizados organizam-se como grupos de autodefesa, que também arrecadam e exercem o poder punitivo: fabricam-se *parapoliciais*.

O caos aumenta e a cúpula política – débil em nossa região –, instigada pelos partidos únicos, degrada suas forças armadas à função policial, para a qual carecem de treinamento; estas incorrem em erros gravíssimos, perdem o respeito da população, montam a sua própria arrecadação autônoma e exercem o seu poder punitivo *informal* (execuções, desaparecimentos forçados etc.).

Parece que este é o modelo de Estado que a *macrocriminalidade organizada* pretende montar em toda a região, ainda que o faça gradualmente e – felizmente – nem sempre consiga dele se aproximar. Trata-se de uma atrofia do Estado, que está longe do Estado de polícia, caracterizado pela verticalidade imposta por uma forte liderança política. No *estado atrofiado*, debilita-se a já frágil cúpula política, dilui-se a hegemonia da arrecadação fiscal e do poder punitivo e se compromete a defesa nacional.

2. A colonialidade degeneradora de papéis

O colonialismo tardio procura condicionar psicologicamente as pessoas (introduzir nelas *colonialidade*), a fim de alienar a sociedade colonizada mediante *racionalizações* e *neutralizações de valores*, de acordo com um programa de ressubjetivações que degeneram todos os papéis próprios de uma sociedade democrática plural. Promove assunções de papéis que perversamente reinventa, degenerando-os em relação aos que deveria fomentar qualquer Estado de direito democrático.

Essa degeneração de papéis é múltipla e polimórfica: pretende que os jovens pobres se assumam como ladrões; os vizinhos de bairros pobres, como vítimas a clamar por vingança e repressão; os policiais, como exploradores, assassinos e torturadores; os desempregados marginalizados, como justiceiros; os soldados, como autores de crimes contra a humanidade; os juízes, como acobertadores, verdugos e prevaricadores; os jornalistas, como criadores de falsas realidades e notícias falsas; os comunicadores sociais, como instigadores de perseguição política; os presos, como *kapos* de campos de concentração; os agentes de inteligência, como sinistros policiais secretos; os teóricos jurídicos, como racionalizadores e formadores de indiferença em relação à ruptura institucional e ao crime; os economistas, como matemáticos de uma ciência misteriosa; os defensores de alguns direitos humanos, como concorrentes dos defensores de outros; os governantes, como autores de macro administrações fraudulentas ao endividarem os seus Estados; e assim por diante.

É um programa de alienação social através da corrupção em massa, cuja *colonialidade* faz uso da moderna tecnologia de comunicação para perverter as subjetividades mediante a degeneração de todos os papéis democraticamente valiosos e positivos, substituindo-os por outros que sejam funcionais ao processo de atrofia dos Estados, que os privam do poder inerente à sua soberania, até o limite da fragilização de sua defesa nacional. Em outras palavras: procura alienar toda a sociedade, domesticando docilmente subjetividades através da assunção de papéis degenerados, disfuncionais à democracia e à igualdade e funcionais ao Estado atrofiado, vulnerável ao poder colonial tardio do novo totalitarismo financeiro da macrocriminalidade organizada.

3. Ideologia ou projeção patológica?

É inegável que os discursos do pós-guerra, como os de Roosevelt e os documentos da época (os da Filadélfia, por exemplo) correspondiam a uma tônica generosa, mas a atual pulsão totalitária financeira apresenta-se hoje ao mundo como uma onda neoconservadora de reducionismo economicista menos elaborada ainda que o seu precedente racista, o que implica uma destacada contraposição em relação àqueles.

O seu máximo disparate é a construção de um fantoche antropológico (*homo economicus*) que pressupõe, como objetivo existencial de todos os seres humanos, a acumulação ilimitada de riqueza e, portanto, que todas as nossas escolhas se ajustariam à lei da oferta e da demanda. Não é necessária maior acuidade para observar que a acumulação indefinida – que não era defendia sequer pelo velho Locke – é uma fuga à angústia da morte que, ao querer evitá-la, abraça-a. Esse fantoche antropológico é *Thanatos*, que, por medo da morte, despreza a vida, chegando ao limite de negar a realidade ecocida de seus crimes e de protagonizar uma guerra de laboratórios no meio de uma pandemia, o que parece ser a projeção da própria patologia dos seus divulgadores. Sem descartar a neurose civilizatória de que falava Freud, pensamos que estamos diante da tentativa de uma *psicose civilizatória*.

4. A perversão antidemocrática dos discursos acadêmicos

No plano acadêmico, não é claro se é possível considerar que o que se autodenomina *neoliberal* é uma *ideologia*, em face do enorme simplismo de seu reducionismo economicista, feito à medida para a legitimação da macrocriminalidade organizada e que pode ser sintetizado como a negação grosseira dos direitos humanos, segundo a síntese insuperável de um dos seus mentores originais: *ninguém tem quaisquer direitos pelo fato de ter nascido* (Ludwig Von Mises).

Não é por acaso que essa perversão do discurso acadêmico é muito semelhante na economia e no direito, pois o reducionismo economicista compartilha um pano de fundo comum com o normativismo jurídico, que consiste em negar – tanto à economia quanto ao direito – seu carácter de ciência social. Dessa forma, o objetivo é fazer de ambas as disciplinas saberes científicos lógicos, alheios a quaisquer dados empíricos acerca do social e, portanto, imunes a qualquer questionamento político democrático.

Essa *colonialidade* condiciona psicologicamente o narcisismo dos economistas, fazendo com que aqueles que ousem negar a ciência econômica matemática – já não a economia política – sejam rotulados de diletantes ou demagogos, a permitir-se ignorar a sabedoria lógica do mercado, que *em liberdade tudo resolve*.

Neste sentido, é inegável o paralelismo com o normativismo jurídico radical, que também preserva sua ciência jurídica de toda contaminação proveniente da incorporação

XI. O ESTADO ATROFIADO E A FABRICAÇÃO DE SUBJETIVIDADES

de dados da realidade social: quem o faz é um criminólogo que ignora ou não fala de direito, um reducionista sociológico, um político que não faz ciência e, mais ainda, um inimigo ou detrator da ciência jurídica.

Em ambos os casos, a premissa é antidemocrática: *minha ciência deve ser preservada de toda decisão (política) de qualquer maioria ignorante; portanto, se surgir uma contradição entre a minha ciência e a maioria, deve-se negar a decisão (política) da maioria. Minha ciência asséptica não está contaminada pela política e, portanto, não está submetida a decisões democráticas.* Desta forma, pretende-se que a economia e o direito deixem de ser políticos e que as decisões baseadas nessas ciências puras não possam ser contrariadas por decisões democráticas.

A velha economia política, cultivada pela maioria dos pais do direito penal iluminista e *realmente* liberal (Beccaria, Sonnenfels, os Verri, Filangieri, Rossi), é agora substituída pela ciência econômica como matemática de mercado. O curioso é que a economia do chamado socialismo real também entrou em colapso devido à sua pretensão científica, um preconceito que facilitou, nos chamados países do leste, a passagem sem escala do cientificismo marxista para o neoliberalismo.

O fundamentalismo do mercado e a essência lógica do direito mostrariam verdades tão inabaláveis como o fato da Terra girar em torno do Sol, por mais que a maioria ignorante acreditasse durante séculos que o Sol girava em torno da Terra. A economia e o direito, quando deixam de ser ciências sociais, políticas e históricas, tornam-se saberes aos quais os seres humanos devem se submeter, como às leis da física ou, melhor dito, devemos submeter-nos aos sábios dessas ciências, encarregados de legitimar nas academias o poder da macrocriminalidade organizada.

5. O fim dos seres humanos pela transumanidade

Diante da perda de credibilidade dos discursos que negam a mudança climática e outros desequilíbrios ecológicos, surge um delírio que admite que a *sociedade antagônica*, com 70% de excluídos, e a *liberdade de mercado* acabarão com os seres humanos, mas que através de um crescente solucionismo tecnocrático se salvarão 30% dos incorporados, convertidos em transumanos cósmicos imortais.

De acordo com os seus visionários cultores, os genes seriam recombinados para criar seres humanos resistentes aos vírus fabricados por ecocidas, com células que poderão ser compradas como peças sobressalentes para dispositivos mecânicos. Também se lhes enxertariam calculadoras nos cérebros para torná-los superinteligentes, e, como os encéfalos seriam apenas máquinas complicadas, os registros cerebrais seriam transferidos para discos rígidos, e emergiriam os transumanos imortais para serem enviados a povoar planetas a milhares de anos-luz de distância. Este não seria apenas um mundo feliz, mas seria alcançada a felicidade universal no cosmos feliz.

Esse seria o universo dos 30% incluídos, convertidos em transumanos cosmicamente felizes, depois de se eliminarem os 70% de seres humanos desprezíveis, conforme as aspirações cósmicas dos visionários do solucionismo tecnocrático.

Ainda que pareça mentira, existem organizações internacionais e literatura – mesmo a literatura acadêmica – que anunciam esse paraíso cósmico final do neoliberalismo, com

XI. O ESTADO ATROFIADO E A FABRICAÇÃO DE SUBJETIVIDADES

seu fantoche de *homo economicus*, a quem ninguém deve impedir de se converter no transumano privilegiado. Não houve outro delírio político – nem mesmo o nazista – que voasse tão alto.

6. O último delírio da criminologia biologicista

Há outra distopia criminológica, embora também difundida por penalistas que discutem o livre arbítrio, que não projeta matar 70%, mas sim utilizar eletricistas cerebrais para tornar inócuos, desde a infância, futuros delinquentes. Esta é a moda mais recente com que a criminologia etiológica preenche sua eterna vacuidade: imagina um mundo feliz sem os criminosos violentos, quer dizer, sem os ladrões rudes encarcerados nas nossas prisões.

O que acabo de mencionar não se refere à neurociência, mas sim à criminologia etiológica, que sempre se apropriou da última contribuição da biologia ou da psicologia, como fez com o darwinismo para inventar sub-humanizações (Spencer), com a endocrinologia para inventar biotipos (Kretschmer), com a psicanálise para produzir uma literatura criminológica de péssima qualidade (Alexander e Staub, e outros piores), ou com a genética para pretender que o cromossoma atípico confirmasse a existência do criminoso nato. A verdade é que já ninguém nega seriamente o evolucionismo, ou que nossas glândulas, nosso inconsciente e nosso DNA existem, nem o valor científico da paleontologia, da endocrinologia, da psicanálise e da genética – passaram, porém, as modas e os disparates das criminologias etiológicas, depois de cada uma delas ter anunciado que iria curar os criminosos, como certamente continuarão a fazer no futuro com cada novo avanço científico.

Não parece que os novos criminólogos etiológicos queiram curar os gestores da macrocriminalidade organizada ou

XI. O ESTADO ATROFIADO E A FABRICAÇÃO DE SUBJETIVIDADES

seus agentes. Em vez disso, estão a pensar em curar aqueles que resistem a esses macrodelitos; deve-se lembrar que Lombroso patologizou os anarquistas e os líderes da Comuna de Paris. Ademais, sempre que se celebra um novo avanço científico – e a neurociência é um deles – alguns criminólogos convidados se embriagam.

XII.
LIMPAR O TERRENO: ALGUNS OBSTÁCULOS USUAIS PARA SUPERAR A COLONIALIDADE

1. Antes de tudo: descolonizarmo-nos internamente

A fim de projetar a nossa *criminologia do ser-aqui*, tratamos de ultrapassar várias limitações impostas pela colonialidade. No entanto, inclusive removendo os escombros do que tivemos de demolir até agora, o terreno não se torna plano, porque a colonialidade não se rende tão facilmente após cinco séculos.

O primeiro obstáculo é que, à primeira vista, tem-se a impressão de que exageramos ao retroceder até o marco do *sistema-mundo* e que corremos o risco de perder qualquer limite epistemológico, com o que podemos dissolver a criminologia na história, na ciência política, e assim por diante. Este obstáculo é meramente aparente, porque a criminologia não pode rejeitar as contribuições desses saberes, uma vez que nada mais é do que a aplicação de saberes de diferentes disciplinas ao estudo do poder punitivo.

Além disso, exceto por mero acaso, não se pode resistir eficazmente ao que não se conhece: a informação é o primeiro passo para qualquer tática, indispensável para lançar luz sobre o marco estratégico em que deve ser enquadrada.

A este respeito, Boaventura cita Amilcar Cabral, que afirmava que as lutas começam contra as nossas fraquezas, porque não é possível lutar contra o que não se sabe o que é, por ignorar o contexto injusto. Conhecer o contexto de poder, dizia, não é uma questão teórica, senão o que permite a preservação da luta, pois de outra forma o poder nos incorpora. No nosso caso, para além de objetivos concretos, sabemos que a resistência deve continuar e, portanto, vislumbrar com clareza o marco de poder regional e planetário que faz uso do poder punitivo é indispensável para resistir a ele e reduzi-lo.

O conhecimento do marco de poder e da consequente injustiça é o que nos permite saber *quem somos-sendo*. Não é possível resistir eficazmente ao atual poder punitivo, se não compreendermos – como vimos – que somos o produto de incorporações de sub-humanizados por muitos genocídios, até configurar o mosaico cultural de nosso presente. Nosso *ser-sendo* é um processo aberto, um *unfinished* de diálogos, interações e sincretismos, que adquire coerência na própria resistência que recupera e gera os saberes que alimentam suas táticas. Trata-se de um fenômeno cultural único no planeta, porque não há outra região em que tantos milhões de habitantes consigam comunicar-se, apesar de provirem de quase todas as sub-humanizações da história.

A colonialidade tenta impedir essa compreensão, res-subjetivando os sub-humanizados para transformá-los em sub-humanizadores, explorando desse modo perverso a riqueza do nosso mosaico cultural: *não sou índio, não sou negro, não sou judeu, não sou islâmico, tenho menos melanina que o outro, não sou imigrante, não sou violento, sou uma pessoa de bem* etc. – todas formas mais ou menos sutis de nos incitar a sub-humanizarmo-nos entre sub-humanizados. A descolonização começa em cada um de nós.

2. Não estamos inventando uma nova centralidade

A colonialidade nos coloca ainda outra armadilha: a arrogância da epistemologia do norte instiga-nos a considerar nossa narrativa como a imagem especular do eurocentrismo e, portanto, uma nova centralidade alternativa universal.

Neste sentido, é imprescindível ter claro que o nosso *ser--aqui* é o nosso *ser-sendo*, o qual, embora obviamente não seja o do norte, tampouco é o africano ou o oriental. Seus desvelamentos nos ensinam que ele coexiste com outros, do norte e do sul, do leste e do oeste de qualquer nova linha de Tordesilhas, porque a nossa aproximação ontológica é simplesmente outra, a do nosso sul, mas existem outros suis e também um norte com dificuldades de senso-percepção.

Não é uma questão de engendrar uma nova raça cósmica (Vasconcelos). A aproximação a uma cultura mundial só pode ser o produto de sucessivas aproximações ontológicas, talvez impulsionadas pelo perigo da extinção da espécie, condicionante de uma angústia comum diante da distopia de que só reste o *ôntico sem ontologia*, por já não haver quem a faça, até que os povos evoluam e um novo ente se interrogue acerca do *ser*. Porém, no momento, para nós, o importante é ter clareza sobre *quem somos*.

3. A macrocriminalidade não é onipotente

No terreno sobre o qual devemos construir a nossa criminologia, não se trata apenas de preencher os fossos de ausências do edifício demolido, mas também de remover outros destroços da colonialidade, tais como a pretensão de onipotência da macrocriminalidade organizada e a consequente inutilidade de qualquer resistência.

Qualquer projeto de criminologia do sul deve ter como premissa que todo poder terreno é vulnerável e, assim, também o da macrocriminalidade organizada. O totalitarismo financeiro – como qualquer totalitarismo – mostra-se onipotente, embora, ao contrário dos seus precedentes, não o faça com desfiles, paradas e uniformes, porque agora sua pretensa onipotência é uma criação puramente midiática, como corresponde à época.

A macrocriminalidade organizada seria muito vulnerável se montasse todos os processos que lhe são funcionais a partir de uma colossal programação central, já que, assim, bastaria neutralizar essa matriz central.

Contudo, a macrocriminalidade não é tão onipotente como pretende, nem é tão vulnerável como seria se fosse verdadeira essa versão conspirativa. Na verdade, os processos sociais são multifatoriais, e são poucos os que se podem montar a partir do poder. A macrocriminalidade organizada monta os poucos que pode, deixa avançar – e dentro do possível impulsiona – os que lhe são funcionais, e procura deter os disfuncionais, mas não os cria, nem pode criar todos eles, longe disso.

XII. LIMPAR O TERRENO: ALGUNS OBSTÁCULOS USUAIS PARA SUPERAR A COLONIALIDADE

Esse jogo de funcionalidades e disfuncionalidades provoca gretas em qualquer totalitarismo, que permitem a resistência e a dinâmica própria de toda sociedade. Em nosso caso e ao longo de quinhentos anos, essas gretas permitiram opor resistências ao poder punitivo que fazem com que estejamos vivos. *Somos-aqui* graças a elas.

4. A pobreza não gera mecanicamente delinquência

Continuando com a tarefa de desbravar o terreno para um projeto de criminologia do *ser-aqui*, entre os numerosos preconceitos que perturbam a correta interpretação dos dados sociais, destaca-se um muito comum acerca da pobreza, pois as criminologias ingênuas – e, também, retrógradas - pretendem que o claro predomínio de pessoas pobres nas prisões é a prova de que são elas que cometem mais crimes e, portanto, que a pobreza provoca mecanicamente a delinquência.

Esse preconceito foi desmentido há quase um século pela própria criminologia do norte (Sutherland), que demonstrou que todos os estratos sociais protagonizam o crime, mas que, se o poder punitivo recai apenas sobre os pobres, é devido ao treino diferencial inerente a qualquer sociedade estratificada.

Embora, como vimos, exista uma delinquência grosseira contra a propriedade, própria da formação dos estratos pobres, não é verdade que a pobreza gere necessidade e esta mecanicamente *cause* esses delitos. Já se verificou que, em terremotos, guerras e outras catástrofes, em que a necessidade atinge extremos, a frequência dessas infrações – e dos suicídios – é reduzida, por vezes, a taxas insignificantes. Isto se explica porque nessas circunstâncias se reforça o sentimento de comunidade, na medida em que a pessoa se sente incluída no empreendimento comum de enfrentar o desastre, o que logo ressubjetiva a pessoa: de *sou ladrão* passa-se a *sou socorrista, herói, salvador*.

XII. LIMPAR O TERRENO: ALGUNS OBSTÁCULOS USUAIS PARA SUPERAR A COLONIALIDADE

Por outro lado, esse preconceito ou falsa crença acerca da causalidade da pobreza é funcional para ocultar (*afastar*) o componente racista na estratificação, nunca exclusivamente classista, de nossas sociedades.

5. Os criminalizados não são traidores nem heróis

Outro preconceito – proveniente do norte e não de sua criminologia retrógrada – que pode obstaculizar o terreno sobre o qual devemos projetar a nossa criminologia é considerar que os autores desses delitos grosseiros contra a propriedade são traidores, do mesmo modo que outros, pelo contrário, os tomam por heróis sociais.

Assim, parte da criminologia tende a considerar os criminalizados como um *lumpemproletariado* de *inimigos* e *traidores de classe*. Esta subestimação desemboca em outra via de legitimação do próprio poder punitivo, coincidente com os preconceitos da criticada *burguesia*. Em nossa região, isso implicaria reforçar a política do grande encarceramento e, portanto, favorecer o processo de reprodução, funcional à caotização social.

No outro extremo, foram idealizados como os mais fortes emergentes da sua classe, uma espécie de *heróis antissistema*, o que também é falso, porque, como vimos, a seleção criminalizadora recai sobre os mais frágeis. Este preconceito talvez se relacione com o fato dessa fragilidade poder estar condicionada por uma rebeldia resultante da história de vida ou da infância, à qual se soma um elevado quociente intelectual – que, em muitos, não falta –, dando origem a um discurso que impressiona o criminólogo desprevenido: não é raro que o discurso do jovem prisioneiro coincida com o do criminólogo crítico, mesmo que ele nunca tenha lido os seus livros.

6. Os preconceitos não são exclusivos dos setores privilegiados

Outro erro que deve ser eliminado, a fim de preparar o terreno para a nossa criminologia, consiste em acreditar que os preconceitos – especialmente os racistas – são patrimônio exclusivo das classes privilegiadas, quando um dos flancos do ataque ao sentimento de comunidade pelo poder punitivo são as discriminações entre os sub-humanizados, impulsionadas pelos partidos únicos da mídia.

A esse respeito, devemos salientar que todos os totalitarismos são discriminatórios em bloco, ou seja, não promovem apenas uma discriminação, mas quase todas simultaneamente, sendo ao mesmo tempo xenófobos, racistas, classistas, misóginos, homofóbicos etc. No entanto, os discriminados não oferecem resistência em bloco; eles se dispersam e costumam rechaçar sua própria discriminação, mas incorporam outras (gay e xenófobo, negro e machista, pobre e homofóbico, mulher e racista etc.).

A essa tática incorporação eficaz de preconceitos (lançá-los em bloco e dispersar as respostas) soma-se a de convidar a pessoa discriminada a incorporar o desvalor preconceituoso, mas com a pretendida exceção de que não o afete pessoalmente (*sou gorducho, mas não obeso; negro, mas não azul; índio, mas não sujo; gay, mas não efeminado*).

7. Preconceitos relativos aos trabalhadores policiais

Entre os preconceitos com que a colonialidade entrava o projeto da nossa criminologia, por ter um impacto direto sobre o poder punitivo, situa-se aquele que afeta aos que exercem esse poder.

Uma verdadeira profecia autorrealizada é o preconceito contra os trabalhadores policiais, que remonta à natureza da ocupação territorial do colonialismo originário. Após nossa independência, plagiou-se a Constituição dos Estados Unidos, mas não a polícia comunitária do condado. Aqui se seguiu com o modelo de ocupação territorial, copiando-se a polícia de Bourbon. Trata-se de uma *falha genética institucional* que não foi superada até o presente, à qual devemos acrescentar que, desde os tempos do neocolonialismo de segurança nacional, pressiona-se o sul para unificar as forças policiais, também na contramão do modelo norte-americano. Quando não se consegue debilitar a defesa nacional, deteriorando as forças armadas como polícias, tenta-se formar uma única força policial de ocupação, útil para os agentes locais articularem eventuais golpes de Estado *destituintes*.

Em nossa região, o pessoal da polícia é recrutado entre jovens de setores excluídos ou de baixos rendimentos, sem muita vocação profissional, mas a quem se oferece uma solução laboral que o mercado não lhes concede.

Deve-se assinalar que os nossos trabalhadores policiais são os únicos trabalhadores do Estado que carecem de quase todos os direitos laborais, sob o pretexto de sua

XII. LIMPAR O TERRENO: ALGUNS OBSTÁCULOS USUAIS PARA SUPERAR A COLONIALIDADE

militarização, embora seja óbvio que prestam um serviço civil, de modo que o único direito que lhes deve ser negado é o direito à greve, como trabalhadores de um serviço indispensável. A proibição da sindicalização dificulta o desenvolvimento da consciência profissional, substituída pela ordem hierárquica de uma corporação que arrecada impostos de forma autônoma.

Costuma-se submeter esses trabalhadores a uma *policialização* simétrica à *criminalização*, sob uma ordem arbitrária, com sanções nem sempre lícitas e até letais, treinando-os em valores violentos e preconceituosos, que costumam ser relatados pelas próprias trabalhadoras policiais e se confirmam, também, pelo alto índice de protagonismo em atos de violência doméstica.

As classes médias consideram-nos contaminados pelo seu contato com a casta dos párias, estereotipando-os de forma negativa, enquanto os excluídos assumem uma atitude contraditória, pois embora deles desconfiem inclusive nos seus grupos de pertencimento originário, reclamam maior intervenção de sua parte. Em nossos bairros pobres se reproduz a situação do policial negro dos *slums* do norte, por vezes com consequências vitimizantes letais.

8. Policialização e criminalização

O preconceito discriminatório realça uma faceta demasiado perversa do poder punitivo. A visão de conjunto revela que a criminalização e a policialização dos jovens pobres são dois processos paralelos de fabricação de subjetividades condicionantes de inimizade, numa guerra fabricada pelos partidos únicos midiáticos, que, a fim de reafirmar a sua invenção bélica, não só mostram o cadáver do soldado inimigo abatido, mas também, por vezes, mostram o cadáver do soldado supostamente próprio. É chamativo que, em geral, se descuide da saúde e dos riscos físicos e psicológicos dos trabalhadores policiais, mas que se cuide do ritual fúnebre militar quando são vitimados.

O grau de perversão demonstrado por essa visão de conjunto do poder punitivo é repugnante, de vez que não só é seletivo e discriminatório ao estereotipar o delinquente, mas também ao fazer o mesmo com o trabalhador policial, a fim de introduzi-lo na conflitividade dos bairros precários. Em outras palavras, a crueldade do poder punitivo traduz-se na sua tripla seletividade (criminalizante, vitimizante e policializante), que acaba sempre por tirar a vida dos pobres, na sua maioria jovens.

Reverter a policialização desses trabalhadores para convertê-los em agentes de integração comunitária é uma tática vital de resistência ao poder punitivo, pois mesmo as grandes revoluções da história, quando seu triunfo era incerto, inverteram a situação ao sensibilizar e colocar do seu lado pelo menos uma parte daqueles que até então tinham exercido o poder punitivo.

XIII.
PRECAUÇÕES ACERCA DOS LIMITES POLÍTICOS DA CRIMINOLOGIA

1. O objetivo político da criminologia

A história do saber criminológico demonstra que de cada perspectiva criminológica – de *cada criminologia* – resulta ou se deduz uma política relativa ao exercício do poder punitivo, mesmo que não seja expressa ou seja até mesmo escondida.

É óbvio que uma criminologia do *ser-aqui*, diante da vivência do genocídio por gotejamento, não pode ter outro objetivo político estratégico mais imediato do que o de deter o poder punitivo. Fernando Pessoa, o grande poeta português, dizia que o *ser humano é sempre um cadáver postergado*, mas o que é urgente, *aqui*, é lidar com os cadáveres não suficientemente postergados. Em criminologia, não sabemos se a única verdade são os mortos, mas, fora de qualquer dúvida, está claro que eles são o principal indicador de sua verdade e de seus erros.

Para além da prioridade deste objetivo, como pretendemos apenas delinear o *pro-jecto* de criminologia do *ser-aqui*, ou seja, *jetá-lo* (lançá-lo) ao futuro para que seja construído como elaboração coletiva, não pretendemos nos aprofundar sobre outras tarefas políticas que, por outro lado, responderão à dinâmica imposta pelas variações do próprio poder punitivo. A este respeito, limitamo-nos a apontar os seus limites políticos.

2. A crítica institucional e contrainstitucional

Uma criminologia concebida a partir do sul não pode ser na sua essência senão um *pro-jeto* de *crítica política*, que, pelo menos no futuro imediato, é imposto como um dever ético pela vivência (*Erlebnis*) do genocídio por gotejamento e pela notoriedade dos crimes do poder punitivo *informal*. A *ocultação* ou omissão desses dados seria aqui o sinal de uma grave torpeza perceptiva ou de um perverso e doloso esquivar-se da realidade, como a dos partidos únicos dos meios de comunicação social.

Essa crítica deve ser *institucional*, porque não pode limitar-se ao poder punitivo *informal* que, como vimos, é complementado pelo *formal*. Nossas constituições serão excelentes como *dever ser*, mas se são cometidos crimes de Estado é porque elas têm pouco a ver com o *mundo do ser*. As nossas constituições escritas estão desvinculadas do real, ou seja, os valores jurídicos e a realidade estão tragicamente separados.

Uma vez que ensaiamos um projeto de criminologia como resistência contra funcionários estatais que cometem ou permitem que sejam cometidos crimes de estado, até certo ponto sua crítica deve ser *contrainstitucional*. Isto assusta os penalistas, que preferem encapsular-se nos seus mundos alucinados, mas também os criminólogos, que têm medo de ampliar o horizonte de projeção de seu saber até limites em que temem perder-se a si próprios.

Quanto aos *penalistas*, seria muito fácil para eles – com um mínimo de humildade análogo ao dos internacionalistas

XIII. PRECAUÇÕES ACERCA DOS LIMITES POLÍTICOS DA CRIMINOLOGIA

– repensar seus sistemas de interpretação para relegitimar o saber jurídico-penal como programador de uma contenção racional do exercício do poder punitivo, que, por outra parte, é o único mérito que o direito penal mais ou menos humano pode mostrar em sua história.

Quanto aos criminólogos, seu medo de perder-se é o de cair na mesma armadilha da criminologia radical do norte, ou seja, acabar numa macrocrítica social que sonha com uma sociedade futura. Este é outro receio infundado, porque a *Erlebnis* do nosso poder punitivo colonial tardio exige uma crítica político-institucional que não tolera qualquer remissão a um futuro que renuncie ao presente, dado que a contenção do genocídio por gotejamento se coloca como sua urgência mais imediata. Esta crítica não admite como estrela guia nenhum *paraíso* futuro, mas apenas a clausura do inferno do genocídio colonial tardio, para abrir um purgatório habitável que garanta minimamente os projetos existenciais.

Obviamente, isto fará *parte de uma luta* para neutralizar os efeitos do colonialismo tardio e para gerir a linha de exclusão abissal até reumanizar os sub-humanizados da região, ou seja, os 50% da população (mulheres) e todos os homens e mulheres que se quer relegar aos 70% excluídos. Este seria o efeito natural da contenção do poder punitivo, mas, na medida em que tenhamos claro que se trata de uma *luta* e que nada nos autoriza a evitá-la para imaginar um mundo feliz futuro, saberemos também que se trata de objetivos estratégicos destinados a remover obstáculos à dinâmica social progressista, e não de sonhar com sociedades futuras. Não é tarefa da criminologia – nem do direito penal – substituir os povos na construção de suas sociedades futuras, mas contribuir para remover os obstáculos para que eles, os povos, as construam.

3. A relação entre a criminologia e a política geral: os seus limites

Nossa criminologia não deve perder de vista que a resistência ao colonialismo tardio como tal é um objetivo de caráter político geral e, portanto, democrático, ao qual deve aderir, mas sem pretender ocupar todo o espaço, longe disso, porque ao fazê-lo cairia num *cientificismo antidemocrático*, análogo ao da ciência econômica ou ao do normativismo.

A criminologia pode alertar para a resistência ao poder punitivo colonial tardio, mas é elementar que a reafirmação das nossas culturas, das soberanias de nossos Estados, da independência de nossas economias, do impulso ao nosso desenvolvimento humano, da ampliação de nossa cidadania real e, consequentemente, da justiça social em nossos países são tarefas que não estão ao encargo da criminologia, mas das políticas populares democráticas.

Há algumas décadas, alguns criminólogos radicais do norte, excessivamente entusiasmados com suas novas contribuições, pareciam pretender liderar os presos para transformar o mundo. A criminologia do *ser-aqui* deve evitar cair em semelhante regressão de onipotência pré-adolescente.

Os povos da nossa região não permanecem imóveis, exceto em alguns momentos de desconcerto ou de retirada tática, porque não são suicidas. Em todos os nossos países existem ou se perfilam movimentos populares que, a partir da política geral, resistem à entronização dos agentes locais da *macrocriminalidade organizada*. Esses movimentos têm

XIII. PRECAUÇÕES ACERCA DOS LIMITES POLÍTICOS DA CRIMINOLOGIA

sua dinâmica própria, seus erros e suas contradições, mas os criminólogos não podem pretender substituí-los, sob pena de erigir-se em uma minoria de iluminados que sabem mais do que os povos.

Acreditamos que a criminologia deve aprender com os seus próprios erros, porque um simples olhar sobre sua história e a do direito penal permite-nos verificar que os descaminhos de nossos antecessores acadêmicos foram muito mais graves do que os dos povos e de seus movimentos. Não sabemos quantos erros estamos cometendo agora, que serão detectados pelas gerações futuras, porque o saber avança corrigindo erros. Isto é o que Massimo Pavarini chamou de a *má consciência do bom criminólogo*.

Evidentemente, o acima exposto não isenta uma criminologia do *ser-aqui* da obrigação de alertar os dirigentes populares acerca das táticas punitivas coloniais tardias, advertindo-os para os obstáculos que se opõem à reversão da deterioração do Estado e à restauração das funções inerentes à sua soberania. Em suma, a criminologia deve acompanhar todos os esforços políticos de maior alcance que visem superar o caos que atrofia os nossos Estados.

Entre os alertas, nunca será de menor importância chamar a atenção para o risco de degradar as forças armadas a partir do exercício de funções policiais, não só devido ao enfraquecimento da defesa nacional, mas também tendo em conta a perspectiva não distante do papel que podem desempenhar tanto na neutralização das previsíveis catástrofes produzidas pelos ecocídios cometidos pela *macrocriminalidade organizada* quanto na preservação do meio ambiente.

XIV.
A INCORPORAÇÃO DAS RESISTÊNCIAS: UM NOVO PARADIGMA?

1. O que está oculto em nossa criminologia?

Diante do neocolonialismo de segurança nacional, na Argentina destaca-se por sua originalidade a resistência das Mães da Praça de Maio. Graças à sua ação e apesar das dificuldades e atrasos, o poder punitivo *formal* foi exercido sobre os genocidas que tinham exercido o poder *informal* – no Brasil, ao contrário, não foi exercido o poder punitivo formal sobre os genocidas da ditadura instaurada em 1964. É evidente que, se nos limitarmos a narrar a ação genocida dessa etapa sem ter em conta a resistência das Mães, não teremos uma imagem completa do que aconteceu.

Chamamos a atenção para isto num episódio não muito distante no tempo, porque a clareza que a proximidade temporal nos oferece serve para nos fazer perceber que o mesmo ocorre na narração das fases anteriores, porque em nenhuma delas podemos chegar a uma noção completa do exercício do poder punitivo se omitirmos as táticas de resistência que se lhe opuseram.

Vimos que no relato de cada colonizador, ao ocultar o poder punitivo, também se oculta a resistência que lhe foi oposta. A criminologia etiológica não se ocupa do poder punitivo; para Hegel, os índios desapareceram ao sopro do europeu, enquanto que os africanos, ele os considerava menos que humanos. A coincidência não é aleatória, porque se trata do mesmo relato de sub-humanização abissal legitimante dos genocídios: Hegel através do idealismo, os spencerianos através do biologismo, bem como, antes, Ginés de Sepúlveda pela via teocrática.

Nossos índios e negros e todos os excluídos abissais do mundo que chegaram, *estamos aqui* e, assumindo o relato dos colonizados, *somos-aqui*; mas esse relato não nos narra apenas o exercício de um poder, mas o de uma luta de poder e resistência. Por isso, não nos é permitido suprimir esta última sem distorcer completamente a noção do que aconteceu.

O poder punitivo nunca foi exercido perante a indiferença e a passividade de suas vítimas, como pretende o relato dos colonizadores e, consequentemente, o que sentimos que estávamos ocultando de nossa criminologia são as táticas de resistência utilizadas na luta dos colonizados, que é a parte mais importante da nossa criminologia.

XIV. A INCORPORAÇÃO DAS RESISTÊNCIAS: UM NOVO PARADIGMA?

2. Uma nova presença

Na história, a partir de nosso *ser-aqui*, não é possível ocultar o poder punitivo, pois desde Bartolomé de Las Casas este é o instrumento que aparece em primeiro plano como executor dos genocídios coloniais e sustentador da hierarquização racista de nossas sociedades. Como nunca aparece sozinho, senão que sempre encontra resistência numa luta, não podemos ocultar es táticas de resistência que estão sempre entrelaçadas ao poder punitivo. Narrar o exercício do poder punitivo sem ter em conta as resistências que se lhe opuseram seria tão absurdo como gravar um combate de boxe apagando um dos boxeadores.

Nosso filme completo registra uma luta de meio milênio entre táticas dos colonizadores e táticas de resistência dos colonizados. Além disso, não podemos deixar de advertir que, graças a estas últimas, *estamos aqui*, podemos *ser-aqui* e agora tentar projetar uma criminologia a partir *daqui*.

3. Rumo a uma criminologia de táticas de resistência

Para além da referida indivisibilidade ôntica de ambos os dados da realidade, se saltássemos por sobre a onticidade da luta, filmando um só boxeador e nos limitássemos a projetar nossa criminologia com base no mero relato do poder punitivo, limitar-nos-íamos à terrível narração de atrocidades e sofrimentos, o que nos afundaria numa melancolia masoquista, omitindo que, como assinalamos, *somos-aqui* graças à eficácia das resistências. Por conseguinte, devemos projetar uma *criminologia das táticas de resistência*.

Mas o que queremos dizer com isto? *Descrevemos* o atual poder punitivo a partir do corte transversal no tempo do nosso *estar-aqui*, mas o *explicamos* a partir da visão longitudinal que nos permite chegar a *ser-aqui*. Da própria explicação, verifica-se que o mais importante do ponto de vista do sul é a luta contra esse poder genocida e, nessa luta, o mais importante são as táticas de resistência.

O que isso nos mostra ao esboçar um projeto de criminologia do *ser-aqui*? Antes de tudo, que não podemos parar na *explicação*. A própria natureza da explicação impõe-nos avançar, porque o nosso *ser-sendo* é na luta, ou seja, para *seguir sendo* devemos lançar-nos (*jectar-nos*) para a frente (*pro*) na dinâmica da luta, *explorando as táticas de resistência*, a fim de individualizar as mais eficazes para continuar combatendo na atual etapa colonial tardia. Ao não promover uma criminologia de exploração de táticas resistentes, cairíamos na criminologia *do não-ser* – do *deixar-se levar*

XIV. A INCORPORAÇÃO DAS RESISTÊNCIAS: UM NOVO PARADIGMA?

pelo impessoal – da repetição melancólica de uma impossível ocultação de resistências.

Na exploração das táticas de resistência, nossa criminologia encontrará as já utilizadas noutras etapas, mas encontrará também as que surgem de acordo com a criatividade imposta pela luta e pelos conhecimentos que se vão adquirindo em cada caso; toda tática – em qualquer ordem – deve basear-se em conhecimentos acerca de uma previsível causalidade, uma vez que o andar às cegas ou ao acaso nunca pode ser eficaz.

A exploração de táticas de resistência opera como um leque que se expande territorialmente sobre as diversas sub-regiões, mas que se move verticalmente, ventilando um conjunto complexo e heterogêneo de componentes a apoiar-se em saberes que reconhecem diferentes modos de aquisição, e cuja natureza é inevitável considerar, porque é impossível compreender uma tática sem saber em que se basearam aqueles que a projetaram e a puseram em prática.

Estes saberes que nutrem táticas são variados e, numa primeira aproximação classificatória, é possível agrupá-los em duas grandes ordens: *ocidentais* e *populares*. Os *saberes ocidentais* são aqueles próximos do que Boaventura chama de *epistemologias do norte*, adquiridos com a metodologia considerada *racional* e a única admissível na tradição acadêmica oficial. *Saberes populares* são aqueles a que os povos sub-humanizados tem acesso por outra via e que são excluídos, como *irracionais*, pelo saber oficial, por não corresponderem à razão funcional imposta pela epistemologia da colonialidade.

4. Táticas de resistência baseadas em saberes oficiais

Embora os saberes de ambas as ordens costumem ser combinados na base de muitas táticas de resistência, é sempre possível detectar o predominante em cada caso. Vamos agora considerar exemplos de táticas assentadas em saberes *ocidentais* ou *oficiais*, que, em geral, não são nenhuma novidade epistemológica. A aproximação aos saberes *populares* requer uma análise muito mais cuidadosa, porque até agora foram excluídos da criminologia, razão pela qual nós os trataremos separadamente.

As táticas baseadas predominantemente nos saberes *oficiais* traduzem-se em impulsos à resistência política – embora também comunitária – que, em primeiro lugar, conduzem ao confronto com as principais instituições que sustentam o poder punitivo informal de nossa região: os partidos únicos da mídia e o próprio poder punitivo *formal* que complementa o *informal*. Em segundo lugar, é necessária uma tática de reversão da ressubjetivação delinquencial dos jovens confinados nos campos de concentração da região, o que será insuficiente se não for complementada por uma tática mais ampla de prevenção da vulnerabilidade. Parcialmente, esta tática vai-se sobrepor à necessidade imperativa de se apropriar da tecnologia de que se vale o próprio colonialismo tardio.

5. Táticas de resistência comunicacional e jurídica

No plano político geral, a criminologia deve somar-se a toda iniciativa que tenda a desativar os partidos únicos midiáticos, que são incompatíveis com qualquer concepção de democracia plural.

Mas até que isto se concretize, uma criminologia *de resistências* não pode limitar-se aos círculos acadêmicos; deve combater utilizando todos os meios não colonizados, inclusive a comunicação pessoal e direta. Neste sentido, é necessário mostrar ao público a falsidade da guerra à delinquência, a demonização dos movimentos populares, a hipocrisia da luta contra a corrupção, enfim, os ardis de uma grande fraude social. Saber-se vítima de uma fraude, apesar de irritar ao máximo, inicialmente dói e deprime, a ponto de não ser rara sua negação, para evitar a depressão, questão que deve ser levada em consideração.

A tática de resistência comunicacional deve saber que na invenção da guerra costuma-se apelar às chamadas *técnicas de neutralização de valores* (Sykes e Matza), também utilizadas por genocidas: negação do dano (apenas informamos), negação de responsabilidade (devemos informar sobre a realidade), desvalorização da vítima (são a casta inferior e inimiga, políticos corruptos), invocação de solidariedades (não abandonar os colegas denunciados), apelo a valores superiores (a liberdade de expressão, a República, a democracia, a Constituição).

Por seu turno, os operadores da justiça dobram-se ou permanecem indiferentes ao discurso dos partidos únicos midiáticos, refugiando-se por vezes numa atitude burocrática de baixo perfil, geralmente porque são muito vulneráveis à ameaça de destituição e interrupção de suas carreiras. Se esta situação não mudar e não se apelar a uma tática de defesa popular dos perseguidos, eles continuarão a ser funcionais aos agentes locais da macrocriminalidade organizada, habilitando a reprodução da delinquência contra a propriedade.

Outra tática importante é que a criminologia tenha impacto no saber jurídico-penal, amassando a couraça do normativismo com dados sociais, pois é este saber que elabora nas academias os projetos de jurisprudência e serve, também, para treinar os operadores da justiça.

XIV. A INCORPORAÇÃO DAS RESISTÊNCIAS: UM NOVO PARADIGMA?

6. Táticas de reversão da ressubjetivização delinquencial

Se a maioria dos presos por crimes contra a propriedade o foram por sua vulnerabilidade, a tática deve orientar-se a neutralizá-la. Dado que a instituição condiciona o delito, será uma ação *contrainstitucional* que trabalhe a autopercepção. Para tanto, é eficaz a incorporação comunitária a grupos de resistência em que desempenham um papel decisivo as mulheres mães, impondo respeito aos jovens por sua capacidade de assumir o duplo papel, materno e paterno.

A mudança de subjetividade (autopercepção) é reforçada quando ao jovem maltratado na prisão são atribuídas tarefas de responsabilidade comunitária, tais como organização e liderança para fazer demandas (água corrente, esgotos, salas de primeiros socorros, escola etc.). Essa reincorporação comunitária ativa provoca uma mudança positiva de subjetividade (análoga à assumida como socorrista nas catástrofes) e torna funcionais as próprias determinantes de sua fragilidade (primeiras experiências de rejeição, maus-tratos infantis etc.).

Essa tática traduz-se num *trato* que nada tem a ver com o *tratamento* positivista patologizante, o qual pretende ensinar a viver em liberdade privando de liberdade, algo assim como ensinar a nadar numa piscina sem água. Pelo contrário, deve consistir num apelo que, em vez de se assentar no moralismo do *deves ser bom,* há de ser oferecido sob o *slogan não sejas um tolo, não deixes que te usem.*

7. Táticas de prevenção da vulnerabilidade: apoderar-se dos cavalos

Ao capitalismo produtivo correspondia a dialética *empregador/empregado, patrão/trabalhador* ou, se se preferir, *explorador/explorado*, porque os primeiros não existem sem os segundos, mas no capitalismo *financeiro* não há dialética: o incluído não precisa do excluído, que se torna um supérfluo descartável; caso incomode muito, deve ser eliminado. Embora aniquilar milhões de pessoas não seja simples, a *macrodelinquência organizada* está a fazê-lo com parcimônia, ou seja, o genocídio não é uma mera perspectiva futura, mas já está em curso e poderia ser acelerado. O referido delírio da transumanidade é indicativo de projetos mais genocidas em algumas mentes demasiado intoxicadas pela macrocriminalidade. Por conseguinte, qualquer tática de *prevenção da vulnerabilidade ao poder punitivo* é também uma prevenção do *genocídio*.

Diante de tal ameaça, não basta uma resistência limitada à tática de recuperação daqueles que o poder deteriora, senão que é necessário encarar no plano político geral uma tática antecipada e de maior alcance de prevenção da vulnerabilidade, que não se confunde com a célebre prevenção do crime, esta nada mais que um bom rótulo para porta de escritório.

O delírio dos *aspirantes a transumanos* ensina que seu poder genocida – tal como Cortés e Pizarro – se baseia na sua superioridade tecnológica; portanto, impõe-se como tática de resistência que os excluídos se apropriem do saber técnico colonizador, tal como os índios dos cavalos.

XIV. A INCORPORAÇÃO DAS RESISTÊNCIAS: UM NOVO PARADIGMA?

Embora nossos excluídos *sub-humanizados* careçam de quase tudo, o que lhes sobra e falta aos incluídos é o *tempo*; aos jovens dos bairros pobres lhes roubam os projetos existenciais e lhes presenteiam com *tempo vazio*. O diferente treinamento torna-os vulneráveis ao poder punitivo, enquanto os 30% incluídos são cuidadosamente treinados no *know how* tecnológico, em momentos em que mais do que nunca esse saber é adquirido para o poder, e algumas pessoas delirantes imaginam utilizá-lo para massacrar os excluídos.

De acordo com o exposto, pode-se imaginar algo que, à primeira vista, parece uma missão impossível: uma tática de *organização do tempo dos excluídos para que se apropriem do saber*, o que não só implicaria uma forte prevenção da vulnerabilidade e do genocídio, mas também promoveria uma séria transformação social.

8. A programação política da apropriação do saber

Os diferentes grupos que resistiram ao longo dos cinco séculos fizeram uso de múltiplas apropriações de saberes do colonizado. Essa tática deve agora consistir na programação massiva das *apropriações do saber*, uma vez que, diante do enorme poder tecnológico dos agentes locais da macrocriminalidade organizada, não bastam as apropriações parciais tradicionais.

Essa fase colonial tardia não ameaça com cavalos e pólvora, mas sim com a sofisticação da *revolução tecnológica*, razão pela qual é necessária uma *política* de apropriação massiva, sistemática e ordenada, o que não é tão inimaginável, pois a história mostra sua possibilidade e eficácia: temos os exemplos dos mosteiros durante o feudalismo; saltando séculos para chegar a Lázaro Cárdenas transformando camponeses em engenheiros; e agora, nos cursos universitários montados em algumas prisões, os estudantes presos obtêm melhores notas do que os livres, porque têm mais tempo à sua disposição.

Os agentes da macrocriminalidade organizada tentam limitar o acesso democrático ao conhecimento. A luta pela educação gratuita em centros universitários em bairros pobres é uma tática política revolucionária de prevenção da vulnerabilidade que uma criminologia da resistência deve acompanhar. Além disso, essas universidades recepcionarão mais facilmente nossa criminologia, porque os seus estudantes vivenciam o poder punitivo de forma mais direta.

A organização do tempo dos excluídos é possível, e a tecnologia permite agora contar com quase a mesma

XIV. A INCORPORAÇÃO DAS RESISTÊNCIAS: UM NOVO PARADIGMA?

informação que nos centros tradicionais, facilidade que se incrementará no futuro. Trata-se de uma contradição no poder do totalitarismo financeiro, que abre uma interessante fissura interna.

9. Abrir existências

Em geral, todas as táticas de resistência de apropriação e muitas outras deveriam ser promovidas ou acompanhadas pela nossa criminologia, mas não se pode perder de vista o objetivo estratégico de todas elas: trata-se sempre de *promover existências* convidando a levantar a mira com a convicção de sua possibilidade, porque, como vimos, a vulnerabilidade pela labilidade subjetiva que o poder punitivo usa para ressubjetivar os jovens obedece fundamentalmente à frustração existencial muito mais do que à simples pobreza. O jovem que diz roubar ou intoxicar-se porque *nada tem a perder* e se nega a permanecer imerso na massa excluída de frustrados (*para que chegar à velhice como meu avô aposentado?*), embora seja vulnerável pela pobreza, é muito mais vulnerável ainda por sua grande frustração existencial.

Se nossa criminologia conseguisse acompanhar uma política de apropriação do saber de certa magnitude, que, a partir do âmbito acadêmico inserido nos bairros marginais, conseguisse promover *existências* em meio à resistência anticolonial, entorpeceria seriamente o projeto de sociedade excludente, pois os excluídos começariam a competir com os incluídos, que deixariam de monopolizar o saber. Como o projeto colonial tardio está preparado apenas para a sociedade excludente e não resiste, por isso, à incorporação dos excluídos empoderados do saber, estabelecer-se-ia uma nova dialética *excluído-incluído* condicionante de um modelo de sociedade menos excludente, o que, em algum momento, haveria de provocar uma mudança institucional. É claro que

XIV. A INCORPORAÇÃO DAS RESISTÊNCIAS: UM NOVO PARADIGMA?

a criminologia só poderia acompanhar esta ação da política geral e reproduzir o discurso nos centros acadêmicos de apropriação do saber; não obstante, ela não deveria deixar de estar atenta aos sinais da política geral neste sentido.

XV.
A METODOLOGIA DOS SABERES POPULARES

1. Os saberes populares fundantes das táticas de resistência

Vale a pena determo-nos agora sobre os conhecimentos provenientes dos *saberes populares* fundantes de táticas de resistência, que merecem uma consideração particular, porque, tal como adiantamos, a tarefa de recuperá-los da ocultação a que os condenou o saber oficial é nova para a criminologia.

Boaventura classifica os saberes que convergem no que ele chama de *epistemologias do sul* em *apropriações contra-hegemônicas, ruínas-sementes* e *zonas liberadas*. Acabamos de nos referir às primeiras e, quanto às terceiras, nossa região registra múltiplos exemplos, desde os *palenques* e *quilombos* até certas experiências atuais de parte de nossas comunidades originárias e ensaios daqueles que decidiram abandonar a vida urbana.

As *ruínas-semente* de Boaventura são os saberes *ancestrais*, aos quais, nos *saberes populares*, se juntam os que estão a emergir no compasso das novas formas de agressão por parte do poder punitivo. No que diz respeito aos saberes *ancestrais* em si, sem pretensão de nos perdermos na arqueologia, cabe observar que a sua lógica interna é fruto da necessidade de viver em harmonia com o ambiente natural. Quando o poder punitivo irrompeu, essa harmonia foi quebrada e começou uma resistência, no decurso da qual novos saberes surgiram e continuam a surgir, que se somam aos saberes ancestrais. É por isso que as táticas de resistência se baseiam tanto em saberes ancestrais prévios quanto nos saberes populares comunitários que se vão somando à luta.

Como vimos, o nosso *ser-aqui* é um produto do mosaico cultural regional, no qual convergem todos os outros povos sub-humanizados do planeta que vieram somar-se aos nossos povos originários e aos africanos escravizados. Embora a classificação de Boaventura pareça referir-se aos primeiros, o certo é que em cada um desses grupos de sub-humanizados também se desenvolveram *culturas de resistência*, todas nutridas por saberes diferentes aos dos seus *sub-humanizadores*, exceto os incorporados por apropriação. Pense-se, por exemplo, na enorme bagagem de experiência resistente daqueles que têm sido perseguidos e vítimas de genocídio durante séculos, como os judeus ou os armênios.

É evidente que a totalidade de um tal *complexo cultural de saberes* não poderia ser recuperada pela criminologia, porque excede seu horizonte de projeção, mas isso não impede que ela se nutra de outras disciplinas, que a informam acerca dos saberes em que se fundam as técnicas de resistência recuperadas na sua investigação.

Os saberes populares seguem um caminho ou método próprio e alheio ao do saber *científico* chamado *ocidental* ou do *norte*, porque já se disse, com razão, que *a ciência é apenas mais uma proposta cultural, proveniente de um Ocidente que ordena a realidade de acordo com certa perspectiva* (Rodolfo Kusch), ao que poderíamos acrescentar que ela também oculta dados da realidade. Portanto, compreendendo por *método o caminho de acesso à verdade*, acreditamos que, para além da forma de criação comunitária dos saberes populares, é na forma metodológica com que ordena a realidade que reside o aspecto mais importante de sua riqueza e promessa futura.

2. O conhecimento científico de *dominus*

No que diz respeito à ciência *ocidental*, acreditamos que Foucault aponta corretamente que a forma de estabelecer a verdade judicial na Europa passou da luta ordálica (da prova de Deus pelo duelo) para o interrogatório ou a inquisição, mas, logo, esse método se estendeu a todo o saber científico. Mesmo que não se aceitasse essa tese, é inquestionável que o método ocidental de obtenção da verdade é *pela interrogação*, na qual sempre *um sujeito interroga um objeto*.

Esse caminho de acesso à verdade do norte pressupõe que um ser humano seja colocado numa posição de superioridade perante um objeto (humano ou não humano) porque *quer saber*. Mas para que se quer saber na ciência do norte? A resposta foi dada por Francis Bacon em 1626: *para dominar* outro ser humano ou a natureza.

Esse objetivo limita o conhecimento buscado, porque *não se busca a verdade, mas sim a verdade que confere poder*, razão pela qual *força* o objeto a responder, inclusive sob tortura, tanto no processo inquisitorial quanto no saber científico, que não se detém diante da vivissecção, dos experimentos de Mengele ou da privação de tratamento da sífilis em Tuskegee e na Guatemala.

3. O dominador dominado

Quase nunca, porém, o objeto sabe o que o sujeito quer saber e, por isso, responde com toda a sua entidade. Esquematizemos assim: o sujeito humano que pergunta ao objeto *vaca* como obter mais leite recebe um mugido em resposta, por meio do qual a vaca responde com toda a sua *vaqueza*.

Como o sujeito humano não está esperando uma tal resposta *entitativa total* do objeto, porque só está preparado para receber a resposta que interessa ao seu objetivo de poder, como sujeito cognoscente não pode *digerir* a totalidade da resposta entitativa. Produz-se, assim, o que a etimologia latina descreve com clareza meridiana: a parte não digerível da resposta entitativa que se lança (*jecta*) contra ele (*ob-jecta*-o), é por ele acumulada e o vai esmagando, *jecta*-o para baixo, *su-jeita*-o.

Sem dúvida, o saber por *inquisitio* é um saber *senhorial*, de *dominus*, mas no qual o *dominus* é *su-jeitado*, *jectado* para baixo, *esmagado como humano*. Tão esmagado está agora que chega a acreditar que o seu objetivo existencial é acumular infinitos números representativos de papéis inexistentes. Talvez este seja o núcleo da preocupação do último Heidegger com a tecnologia.

Quando, com este método inquisitivo, o ser humano trata de obter da natureza o saber que busca para dominá-la, esta lhe responde com toda a sua *naturalidade*, e o *dominus* acaba dominado. Costuma-se dizer que a *natureza se vinga,* o que nada mais é do que a arrogância antropocêntrica traduzida em insensatez antropomórfica, porque o

XV. A METODOLOGIA DOS SABERES POPULARES

único que conhece a vingança é o ser humano da civilização industrial com sua ideia de tempo linear; como bem afirmou Nietzsche, a vingança – *die Rache* – é sempre *gegen die Zeit*, contra o tempo, dado que na concepção linear do tempo *não se pode fazer com que o que foi não tenha sido*.

A natureza não conhece a vingança, nem as culturas do sul compartilham a concepção de tempo linear; estes são problemas do *saber de senhores*, gerados por sua supremacia de *sujeito*, *dominus*, patriarcal, hierarquizante, cujo método dá origem ao que Boaventura chama de *arrogância epistemológica* do colonizador. Por essa razão, resistiu-se ao poder punitivo, de todas as etapas coloniais, com táticas baseadas em grande parte em *saberes populares* não adquiridos dessa forma.

4. O diálogo dos saberes populares

Em todas as culturas resistentes vigoram princípios ou regras éticas básicas correspondentes às suas cosmovisões, das quais se deduzem outras e, pelo menos em um dos seus sentidos, regulam os *caminhos para chegar à verdade* (métodos), através dos quais se adquirem os saberes ancestrais.

O mais próximo de nós é o *buen vivir* ou *sumak kawsay* da *Pachamama*, mas não é o único, longe disso, porque todas as culturas colonizadas têm acesso a saberes ancestrais por outros caminhos, diversos da *inquisitio*. Todos eles ensinam o respeito à natureza que, por certo, não resulta de nenhum *mandato* terreno ou divino, mas do método que rege o acesso aos saberes coletivos: é um caminho de diálogo *horizontal* (comunitário), substancialmente diferente do *vertical* (hierárquico).

Não se chega aos *saberes populares* por meio do interrogatório hierárquico do *dominus*, senão através do *diálogo* horizontal do *frater*, do qual resulta um saber coletivo sem monopólio individual e do qual tampouco existe um único descobridor; todos o são, comunitariamente. Não há um *pater* que interrogue a partir de sua posição dominante, e sim um grupo de *fratres* que dialogam buscando a verdade numa espécie de maiêutica coletiva.

O método não corresponde ao esquema paternalista *sujeito/objeto*, mas ao de *pessoa/pessoa*, não só quando o *outro* é um ser humano, mas também quando se trata de um ente não humano, cujos direitos como pessoa são reconhecidos, o que lhe permite dialogar com animais, árvores,

XV. A METODOLOGIA DOS SABERES POPULARES

rios e montanhas. Agora, nosso direito constitucional balbucia o reconhecimento da personalidade da natureza, mas o norte está privado deste diálogo, embora tenha conhecido relâmpagos que rapidamente descartou, como o do *irmão lobo* franciscano. A arrogância do saber do *dominus* rejeita-o de tal forma que, se São Francisco dialogasse hoje com o lobo, seu destino seria o manicômio.

Esse método de acesso ao saber ancestral e sua personalização dos entes não humanos não decorrem de concepções mágicas nem de imposições ultraterrestres e, ademais, chama a atenção sua reiteração em culturas distantes, como é o caso das culturas africanas. Não é tão difícil compreender sua racionalidade: as *economias pré-coloniais*, desprezadas pela colonialidade como economias de *sobrevivência*, não o são, mas tampouco são de *acumulação indefinida de riqueza*, mas simplesmente de *conservação da vida para todos*. Não são organizações idílicas, mas preservam a vida comunitária, como economias de *culturas não suicidas*, e é por isso que estavam vivas quando o colonialismo irrompeu, destruindo os seus sistemas econômicos em nome do *progresso*.

5. As apropriações contaminam?

Vimos que os saberes populares se apropriam também dos saberes técnicos do colonizador. Cabe perguntar se estes últimos saberes não contaminam os saberes ancestrais. A experiência mostra que, em geral, embora esses saberes apropriados provenham de uma aquisição com método ocidental, sua aplicação concreta às táticas de resistência ao poder punitivo se submete aos limites impostos pelas regras correspondentes à economia da sua cultura comunitária *não suicida*. Assim, não costumam ser utilizados danificando o meio ambiente, ou seja, não destroem suas fontes de sobrevivência.

Pacha e *Coquena* vigiam, são *policiais simbólicos* desses limites, guardiãs das regras da *economia não suicida*. As apropriações se integram no que Boaventura chama de *ecologia dos saberes*, ali se sincretizam ou coexistem ecologicamente em dinâmica com os saberes ancestrais, mas quando são aplicadas às táticas de resistência, com independência em relação à forma de aquisição, observam-se os limites impostos pela necessidade de sobrevivência comunitária.

Não caces vicunhas com armas de fogo, Coquena se aborrece, disse-me um pastor. Este verso da Puna expressa bem o que aconteceu: apropriaram-se da arma de fogo, *mas não a utilizam quando caçam vicunhas, porque Coquena as protege.*

Cada cultura de resistência ao poder punitivo colonial – agora colonial tardio –, na medida em que não é cooptada pela colonialidade, observa os limites que a necessidade de sobrevivência impõe ao seu método de acesso ao saber ancestral

XV. A METODOLOGIA DOS SABERES POPULARES

(*diálogo entre fratres*), mas também os preserva quando aplica os conhecimentos apropriados às suas táticas de resistência.

Se mergulharmos nas culturas de resistência ao colonialismo, encontraremos em todas elas os equivalentes de *Pacha* e *Coquena*, cuja vigilância as comunidades respeitam, a fim de impedir que a apropriação do saber do colonizador sequestre os jovens para o saber senhorial ou a *meritocracia*. A integração comunitária é a corda que liga o envoltório ético que preserva a consciência de que a realização existencial de cada pessoa é mérito do conjunto todo, ou seja, por muitas que sejam as apropriações do saber colonizador, ninguém deve perder a noção de seu pertencimento à comunidade.

XVI.
A EXPRESSÃO DOS SABERES POPULARES

1. Como se manifestam os saberes populares

Os saberes populares não são transmitidos da mesma forma que os *saberes ocidentais*. Muitos deles são revelados em pesquisas antropológicas, históricas e sociológicas, das quais a criminologia pode recolher essas revelações, mas deve sempre fazê-lo levando em conta que cada uma delas também ordena e oculta os fatos, conforme sua respectiva narrativa corresponda à perspectiva do colonizador ou à do colonizado.

De todo modo, mesmo recorrendo às narrativas não colonizadas dessas outras disciplinas, haverá sempre saberes populares que não são por elas recolhidos, caso em que terão de ser recuperados recorrendo a outras manifestações e às próprias fontes de produção e tradição oral. Assim, será necessário recuperar o saber popular utilizado nas táticas de resistência de manifestações artísticas, literárias, linguísticas, poéticas, plásticas, musicais, fábulas, histórias infantis, celebrações populares e, sobretudo, danças que, em algumas culturas, são de possessão, o que confere grande dignidade ao corpo, como receptor de entidades superiores.

Por vezes essas manifestações de saberes que alimentam táticas de resistência são muito claras e ricas, como é o caso do carnaval, festividade em que se costumam inverter as hierarquias sociais. Não deixa de chamar atenção que ele tenha sido sempre mal visto pelas hierarquias religiosas e que, em alguns países, tenha sido proibido e noutros minimizado a ponto de quase desaparecer, o que mostra que provoca temor ao poder hegemônico, razão suficiente para prestar-lhe especial atenção.

2. Saberes manifestados em mitos

Chega-se aos saberes populares em comunidade, e nestas comunidades geram-se mitos que, embora sejam funcionais para reforçar o sentimento de comunidade, ao mesmo tempo expressam e ratificam os saberes por ela produzidos. Trata-se de mitos, que podem ser os mitos de *origem* e ainda os que se vão agregando para sustentá-los ao longo do tempo.

A história de cada povo ou cultura que converge no riquíssimo mosaico cultural regional é comparável a uma tela fixada em uma parede: os *mitos* são os pregos que sustentam a tela esticada nas suas extremidades, de modo que as primeiras e as últimas páginas de quase todas as histórias pertencem ao mito. Entre as duas extremidades se vão intercalando outros pregos míticos que reforçam os anteriores e evitam que a tela se dobre.

Ainda que nem sempre, estes últimos costumam corresponder à imortalização de pessoas que, em algum momento, protagonizaram *algo* que implicou forte reforço do sentimento de pertencimento à comunidade, o que faz com que todos os participantes de uma cultura reforcem o vínculo emocional – afetivo – de sua integração.

Embora com menos intensidade, esse fenômeno – ou, pelo menos, sua tendência – pode ser observado também em grupos sociais muito menores (profissionais, grupos de bairros etc.), quando se gera um sentimento horizontal de comunidade, e alguns personagens se tornam em alguma medida míticos, porque sua invocação reforça o vínculo de pertencimento ao grupo. No entanto, quando isso abrange

XVI. A EXPRESSÃO DOS SABERES POPULARES

um povo inteiro, condiciona o comportamento de todos e potencializa a resistência nacional ou cultural. Esses mitos são também os que sustentam a *mística* que impulsiona os grandes movimentos populares; esta não é criada por seus dirigentes: ela *se produz*, inclusive *apesar* deles. Em qualquer caso, mesmo que a política empobreça e não surjam caracteres humanos fortes que permitam essa forma de criação mítica, a necessidade de reafirmar o pertencimento faz com que os povos a reforcem através da *mitologização* de figuras que são completamente alheias à política, tais como artistas que morreram tragicamente.

Por vezes, os personagens mitologizados começam a fazer milagres, e o mito se transmuda em santificação popular, seus túmulos ou imagens começam a encher-se de ex-votos e presentes de agradecimento, cartas e missivas. Um fenômeno de santificação especialmente significativo para a criminologia ocorre quando os santificados são aqueles que se rebelaram abertamente contra o poder punitivo ou que dele foram vítimas, como nos casos de delinquentes, bandoleiros, índios, escravos, perseguidos, assassinados pelo poder e prostitutas santificados popularmente. Nestes casos, as santificações exprimem claramente a consciência da injustiça e, ao mesmo tempo, a exaltação do sacrificado como espiritualmente superior e especialmente privilegiado para a comunicação com o absoluto em função de uma justiça ultraterrena.

Em algumas ocasiões, a comunidade reforça o seu sentido de pertencimento e gera um mito sem sequer partir de uma pessoa real, mas criada pela imaginação popular; é frequente tratar-se de um arquétipo, geralmente feminino, como no caso argentino da *Difunta Correa*.

Reconhecer o significado desses mitos, em cada caso, significa revelar os laços emocionais necessários para sustentar a coesão social do grupo ao longo do tempo e a vigência das pautas éticas derivadas dos seus saberes e recepcionadas nas táticas de resistência ao poder punitivo. Muitas vezes, a chave para compreender o seu sentido se encontra nas feridas sofridas pela comunidade: fora da região, pense-se no *Golen* hebraico.

3. As cosmovisões do mundo dos sub-humanizados

O ser humano não é uma *máquina pensante*. Embora tenha uma esfera intelectual, também tem uma esfera emocional ou afetiva, e ambas interagem. Pretender que qualquer reconhecimento desta última seja *irracional* é *irracional* – vale o paradoxo –, porque faz desaparecer uma esfera da personalidade humana que não pode deixar de apresentar sua equivalência coletiva, consolidando o sentimento de pertencimento em cada cultura, grupo e comunidade.

Nenhuma resistência surge da esfera intelectual. Seu impulso nasce precisamente da esfera emocional, uma vez que, sem um profundo sentimento de injustiça, não há um motor de resistência. Esse sentimento nasce do *sofrimento comunitário*, que é *injusto* segundo a ideia de *justiça* correspondente à cosmovisão da respectiva comunidade cultural, que *re-liga* e dá firmeza a todos os saberes comunitários dos quais se nutrem as táticas de resistência. Desse modo – e do ponto de vista sociológico – uma *cosmovisão* ou *visão religiosa*, no referido sentido de *re-ligar*, é sempre a *síntese* de uma *cultura* que define sua relação com o absoluto, com sua concepção antropológica e sua perspectiva escatológica, ao mesmo tempo em que reafirma todos os conhecimentos provenientes de seus saberes e legitima suas táticas de resistência.

Como vimos, nossa originalidade latino-americana configura-nos como uma *pluriculturalidade sub-humanizada*, em um processo contínuo de coexistência ecológica, interação e sincretização, cujas principais sínteses se expressam na

Mãe Terra, desde *Guadalupe-Tonantzin* até a *Difunta Correa*, no oeste, e no rico panteão de forças naturais da cultura afro-americana, no leste.

As cosmovisões religiosas *re-ligam* todos os mitos, santificações e saberes numa espécie de nó-mestre, conferindo-lhes uma unidade de sentido e significado, inclusive em termos da inclinação preferencial que cada cultura mostra em relação aos limites existenciais ou metafísicos.

A subestimação da religiosidade sincrética popular de nossa região, por muito disfarçada que seja, é um entrave da racionalidade meramente funcional do racismo neocolonialista das repúblicas oligárquicas, como um resquício do genocídio cultural cometido por um poder punitivo que pretendeu impor um modelo de sociedade importado em nome do *progresso*, com total desrespeito, não só pelas nossas culturas originárias, mas também pelas de todos os sub-humanizados que vieram mais tarde.

O colonialismo tardio está longe de subestimar esse elemento invocador do sentimento comunitário, pois está consciente do seu extraordinário poder *re-ligante*, a ponto de tentar destruí-lo, expandindo um fundamentalismo com elevada incidência política, que glorifica teologicamente a meritocracia e normaliza a pobreza como castigo pelos pecados. Em 2019, um sangrento golpe de Estado racista teve lugar na Bolívia, erguendo sacrilegamente a Bíblia.

XVII.
CONCLUSÃO: SOBRE AS TÁTICAS DE RESISTÊNCIA

1. Questões a investigar

Uma criminologia do *ser-aqui*, que como tal deve confrontar o poder punitivo *formal* e *informal* desta fase colonial tardia, promovendo a renovação das táticas de resistência, não pode prescindir da experiência acumulada em períodos anteriores.

Mais precisamente, devemos perguntar-nos em cada caso e de acordo com as características particulares do modo de emprego do poder punitivo, se houve ou não resistência aberta; se foi tornada pública, mantida em silêncio ou em segredo; em tal caso, que meios foram utilizados para o ocultamento: simulações de submissão, sabotagens, relutância, ignorância fingida, falsa subjugação, exageros, reverências enganosas, furtos.

Qualquer pessoa que tenha vivido sob uma ditadura sabe de silêncios não suicidas; de discursos internos que não explodem em público; neste último caso, será necessário ver se são preparados, como são divulgados, de que modo as rebeliões abertas têm impacto sobre outros grupos, como circulam as notícias, que meios de comunicação são utilizados. Será necessário perguntar-se se foi recolhida informação sobre o repressor; se para isso alguém foi infiltrado, ou se aliados foram cooptados; se estes pertenciam ao bando dos ocupantes ou a outros grupos; se foi empregada violência real ou simbólica ou se apelou-se às formas de luta não violentas; se houve sabotagens ou retiradas de cooperação; se estas foram ostensivas ou encobertas; se foram utilizadas ou desempenharam algum papel a literatura, a arte, as artes plásticas ou a tradição oral; se foi apoderada a tecnologia do colonizador, sob que forma o fizeram, como a utilizaram; se exploraram as falsas crenças do colonizador; se o assustaram com feitiços ou outros meios sobrenaturais dos quais ele tenha medo; que meios utilizaram para sustentar e reforçar o sentimento de comunidade; se tiveram líderes e, em caso afirmativo, como obtiveram o reconhecimento desses líderes; se os rituais e mitos que reforçavam a identidade do grupo foram importantes; que papel desempenharam as mulheres em cada caso, se isso as revalorizou dentro da comunidade ou se esses papéis correspondiam à sua cultura ancestral; neste último caso, quão importante foi a sua transmissão de cultura; como resolveram conflitos internos; se houve desertores e traidores; como procederam com eles; se a doutrinação dos seus filhos os domesticou, ou se a reverteram como apoderamento do saber do colonizador; se parte da apropriação foi o idioma do colonizador.

Será fundamental saber que atos criaram a consciência da injustiça; se houve algum comportamento particular que a revelou ou se já existia essa consciência na comunidade; se o próprio saber apropriado do colonizador favoreceu a conscientização. E assim poderíamos continuar a mergulhar nesse mar de criações das particularidades das táticas de resistência.

2. Explorar, sistematizar e projetar

Na exploração das táticas de resistência, algumas dessas questões e outras surgirão em cada caso, e será tarefa da criminologia, com esta nova incorporação, ordená-las de forma sistemática, para nutrir as respostas com informação detalhada e estabelecer as constantes nas diferentes fases. Deverá também estabelecer o método de acesso aos saberes que alimentam cada tática de resistência, ou seja, se são prévios, se surgiram na própria resistência ou se são apropriações. Trata-se do *pro-jecto* de uma tarefa que terá sempre um final em aberto, pronto para novas incorporações.

O objeto da criminologia é o poder punitivo que, na atual etapa do colonialismo e de acordo com o seu marco planetário, embora à primeira vista possa parecer menos sanguinário do que alguns de seus exercícios anteriores, continua a ser o mesmo *instrumento de sub-humanização* utilizado invariavelmente ao longo da história, mas neste momento com perspectivas de utilização mais sinistras, pois já não se trata do risco para a vida de milhões de pessoas, mas sim de toda a humanidade.

Não acreditamos cair em paranoias ao afirmarmos que o temor da destruição nuclear, que atormentou a muitos em meados do século passado, deveria agora ser substituído pelo temor ao próprio poder punitivo, que a *macrocriminalidade organizada* emprega para neutralizar as resistências ao seu totalitarismo suicida, que deteriora em ritmo acelerado a habitabilidade humana do planeta. Se assim for, a resistência ao poder punitivo, como principal instrumento do programa suicida da *macrocriminalidade organizada*, constituiria com ainda mais razão o *objetivo estratégico* mais imediato da criminologia.

Essa *emergência extrema* reafirmaria a exigência de um novo *pro-jecto* criminológico, que, embora tivesse de ser universal, deveria começar por recuperar a perspectiva do *ser-aqui* de cada um – norte e *suis* – em vista de uma confluência futura. Se não estivermos demasiado enganados, esta seria a tarefa pendente e urgente da nossa criminologia latino-americana do *ser-aqui*.

REFERÊNCIAS BIBLIOGRÁFICAS

As referências a autores do campo criminológico se encontram com maior precisão nesta obra de Eugenio Raúl Zaffaroni: *A palavra dos mortos – conferências de criminologia cautelar*. São Paulo: Saraiva, 2012.

A seguir, outros autores mencionados e algumas leituras ilustrativas.

ANITUA, Gabriel Ignacio. *História dos pensamentos criminológicos*. Rio de Janeiro: Revan, 2008.

BARABAS, Alicia M. *Utopías indias – Movimientos sociorreligiosos en México*. Cidade do México: Grijalbo, 1987.

BATAILLON, M.; SAINT-LU, A. *El Padre Las Casas y la defensa de los indios*. Barcelona: Ariel, 1976.

BUFFON, George Louis Leclerc. *Del hombre – Escritos antropológicos*. Cidade do México: Fondo de Cultura Económica, 1986.

DUSSEL, Enrique. *1492 – El encubrimiento del otro. Hacia el origen del "mito de la modernidad"*. La Paz: Plural Editores, 1994.

_____. *Hacia una filosofía política crítica*. Bilbao: Editorial Desclée de Brouwer, 2001.

_____. *Política da libertação. História mundial e crítica* – vol. I. Passo Fundo: IFIBE, 2014.

FANON, Frantz. *Os condenados da terra*. Rio de Janeiro: Zahar, 2022.

FEDERICI, Silvia. *Calibã e a bruxa: mulheres, corpos e acumulação originária*. São Paulo: Elefante, 2019.

FERRO, Marc. *O livro negro do colonialismo*. Rio de Janeiro: Ediouro, 2004.

FILIPPI, Alberto. *Constituciones, dictaduras y democracias – Los derechos y su configuración política*. Buenos Aires: Infojus, 2015.

_____. "Laberintos del etnocentrismo jurídico-político de las sociedades coloniales hispanoamericanas. De la limpieza de sangre a la desestructuración étnica". In: *Para una historia de América*. Cidade do México: El Colegio de México, 1999.

GOBINEAU, Arthur de. *Essai sur l'inegalité des races humaines*. Paris: Éditions Pierre Belfond, 1967.

HAYEK, Friedrich von. *O caminho da servidão*. São Paulo: LVM Editora, 2022.

HEGEL, Georg Wilhelm Friedrich. *Lecciones sobre la filosofía de la historia universal*. Filosofia da história. Brasília: UnB, 1996.

HEIDEGGER, Martin. "A questão da técnica". In: *Ensaios e conferências*. Petrópolis: Vozes, 2002.

HINKELAMMERT, Franz. *Totalitarismo del mercado – El mercado capitalista como ser supremo*. Cidade do México: Akal, 2018.

HOLLOWS, Joanne. *Feminism, femininity and popular culture*. Manchester: Manchester University Press, 2000.

INGENIEROS, José. *La evolución de las ideas argentinas*. Buenos Aires: Editorial Futuro, 1961.

_____. *La evolución sociológica argentina – De la barbarie al imperialismo*. Buenos Aires: Librería J. Menéndez, 1910.

JARAMILLO, Ana. *La descolonización cultural*. Lanús: Ediciones de la UNLa, 2014.

KUSCH, Rodolfo. *Esbozo de una antropología filosófica americana*. Rosário: Editorial Fundación Ross, 2012.

LAFAYE, Jacques. *Quetzalcóatl y Guadalupe. La formación de la conciencia nacional en México*. Cidade do México: Fondo de Cultura Económica, 1983.

REFERÊNCIAS BIBLIOGRÁFICAS

LÓPEZ, Antonio Espino. *La conquista de América. Una revisión crítica.* Barcelona: RBA Libros, 2013.

MADARIAGA, Salvador. *Vida del muy magnífico señor don Cristóbal Colón.* Buenos Aires: Editorial Sudamericana, 1959.

MARIÁTEGUI, José Carlos. *Sete ensaios de interpretação da realidade peruana.* São Paulo: Expressão Popular, 2008.

MELLINO, Miguel. *La crítica poscolonial – Descolonización, capitalismo y cosmopolitismo en los estudios poscoloniales.* Buenos Aires: Paidós, 2008.

MIGNOLO, Walter. *Historias locales / diseños globales. Colonialidad, conocimientos subalternos y pensamiento fronterizo.* Madri: Akal, 2002.

MISES, Ludwig von. *A mentalidade anticapitalista.* Campinas: Vide, 2015.

QUIJANO, Aníbal. "Colonialismo del poder, eurocentrismo y América Latina". In: *Cuestiones y horizontes de la dependencia histórico-estructural a la colonialidad / descolonialidad del poder.* Buenos Aires: CLACSO, 2014.

RIBEIRO, Darcy. *O processo civilizatório – Etapas da evolução sócio-cultural.* Petrópolis: Vozes, 1987.

ROBIN, Marie-Monique. *Escuadrones de la muerte - La escuela francesa.* Buenos Aires: Editorial Sudamericana, 2005.

RODRIGUES, Raimundo Nina. *Os africanos no Brasil.* São Paulo: Companhia Editora Nacional, 1932.

_____. *As raças humanas e a responsabilidade penal no Brasil.* São Paulo: Companhia Editora Nacional, 1938.

SANTAMARÍA, Ramiro Ávila. *La utopía del oprimido. Los derechos de la pachamama (naturaleza) y el sumak kausay (buen vivir) en el pensamiento crítico, el derecho y la literatura.* Cidade do México: Akal, 2019.

SANTOS, Boaventura de Sousa. *Justicia entre saberes – Epistemología del sur contra el epistemicidio.* Madri: Morata, 2017.

_____. *Sociología jurídica crítica.* Madri: Trotta Editorial, 2009.

SCHMITT, Carl. *Teoría del partisano – Acotación al concepto de lo político.* Buenos Aires: Editorial Struhart & Cia, 2005.

SOUZA, Jessé. *A construção social da subcidadania*. Belo Horizonte: UFMG, 2006.

_____. *A elite do atraso: da escravidão à Lava Jato*. Rio de Janeiro: Leya, 2017.

SPENCER, Herbert. *El progreso*. Valência: Sempere, 1909.

TODOROV, Tzvetan. *A conquista da América – A questão do outro*. São Paulo: WMF Martins Fontes, 2019.

VASCONCELOS, José. *La raza cósmica*. Austral, nº 802, México, 1984.

WALLERSTEIN, Immanuel Maurice. *Comprendere il mondo. Introduzione all'analisi dei sistemi-mondo*. Trieste: Asterios Editore, 2006.

ZAFFARONI, Eugenio Raúl. "El penalismo iluminista contra el mercantilismo monetarista". In: *Livro de homenagem a Luis Arroyo Zapatero*. Madri: BOE, 2021.

ZEA, Leopoldo. *América en la historia*. Madri: Revista de Occidente, 1970.

Este livro foi composto com as fontes Neue Haas Grotesk e Minion Pro. O papel do miolo é o Pólen Natural 80g/m².

A Gráfica Viena concluiu esta impressão para a Da Vinci Livros em outubro de 2024.

A primeira edição deste livro foi impressa em dezembro de 2021, data que marcou os 45 anos da morte de João Goulart, presidente brasileiro deposto pelo golpe empresarial-militar de 1964.